日本重返世界第一

with Hiromi Murakami and William Finan

克萊德・普雷斯托維茲 Clyde Prestowitz

目次 Contents

前言　書擋

我第一次看到日本是在一九六五年二月五日，那是一個寒冷灰色的早晨，我從檀香山出發，搭著克利夫蘭總統號郵輪（*SS President Cleveland*），經歷了六天的狂風暴雨，駛入東京灣航向橫濱。一起同行的有我的華裔妻子卡蘿（Carol）、我四個月大的女兒安妮（Anne-Noelani）、以及我妻子的華裔叔叔，他負責船上的洗衣工作，我從上面的甲板往下望，當這艘噸位龐大的輪船進入泊位時，底下是一幅完全陌生的場景。

我們拖著行李抱著嬰兒沿著舷梯走下來，手裡拿著護照通關，我很快就意識到，自己不久前在檀香山東西中心（East-West Center）上了一年日文課，實際上並沒有太大的幫助。海關檢查護照的官員似乎決定要用機關槍掃射的節奏與速度講話，我只能看懂身邊的標誌與指示牌上一些日語單字。卡蘿的叔叔幫助我們搭上計程車前往橫濱的櫻木町站（Sakuragicho），我們在那搭上前往東京的火車。整部車上載滿著婦女，有些人穿著五顏六色的和服，車上的男性則是穿著靴子或大拇指分開的鞋子，看起來就像戴在腳上而不是手上的棒球手套。我記得那時候心想的是：「很好，你想要看點不一樣的東西，眼前就是了。」

這次旅行緣起於兩年之前，一九六三年六月，當時我正設法搞清楚自己何時將從斯沃斯莫爾學院（Swarthmore College）畢業。我中學時曾經赴瑞士當交換學生，整天想著旅行（had been bitten by the travel bug）。大學畢業之後，我一直想要出去開開眼界，但我有個小問題：錢；或者更精確地說是缺錢。所以我到處找獎學金，找的時候正好發現檀香山夏威夷大學的東西中心。它提供一個超棒的獎學金，兩年的獎助，包括學費、住宿、書籍費和旅費，還有每個月兩百塊美金的生活費。受助者第一年必須在大學讀他們想修的科目，還必須學習一種亞洲語言；獎助期間的第二年，受助者必須到所選語言的國家進修或工作。對我而言，這實在是一筆很划算的買賣。我申請了，也很幸運取得獎學金，出發前往檀香山並在棕櫚樹下度過一年，嘿！這件事一定要有人去做才行。

我原本想學中文，但我的父親是在焊接鋼鐵工業的化學家與冶金專家。我現在想起來了，那是一九六三年，中國尚由毛澤東統治，當時是世界上最窮的國家之一，而日本戰後復甦的經濟奇蹟即將登上一九六四年一月《經濟學人》雜誌的封面故事。我父親說：「兒子，看看這個，你為什麼想要去學中文？中國一窮二白，你應該去學日語。他們有點本事。」這就是我一九六三年九月第一次到來檀香山的東西中心註冊時申請選修日文的原因。

雖然《經濟學人》為日本快速的經濟發展歡呼，但是對於一個二十三歲的美國小孩來說，這個國家似乎一點也談不上已開發。大部分老百姓都是騎腳踏車和搭巴士，又或是靠著雙腿走路到他們的目的地。東京不大會塞車，因為他們路上根本沒多少汽車。我記得當我看到那些騎著腳踏車送餐的男孩，端著熱滾滾的拉麵保持平衡，而且送到客人家的時候一滴湯都沒有灑出來，目睹這一切我內心有多麼驚訝。當我日本朋友把我和我妻子努力找到的公寓說成是豪宅時，屋裡沒有熱水、沒有浴缸（我女兒那時候才四個月大）、沒有爐子、沒有中央暖氣、沒有洗碗機、沒有洗衣機或烘乾機，只有兩顆電燈泡。（不過，我們確實有一套西式廁所）。那時還沒有紙尿布，所以我們必須每天煮熱水清洗尿布，根本就沒有用熱水洗手和洗臉這種事。

我們在兩個小瓦斯爐上煮飯，它看起來就像我中學化學課所用的「本生燃燒器」（Bunsen burner）。我們有一間四張榻榻米大的房間，一切生活起居與睡覺都在這，還有一間兩個榻榻米大的房間放我們的嬰兒床。我們用煤油爐為房間保暖，煤油爐晚上必須關閉，因為半夜隨時有可能發生地震，造成爐子倒地引起火災。我們在錢湯（*sento*）洗澡，這是一種男女分開的公共澡堂，中間的牆比一般的美國人身高還矮。

男人脫下衣服之後，會將他們的置衣籃遞給年輕的女侍，當男士在公共澡堂洗好之後，女侍就會把置衣藍還給他們。在冬天夜晚的街頭，行人總能認出那些人剛洗完澡，這些人身邊籠罩著白色煙霧，因為冷空氣碰到他們濕潤、溫暖的肌膚和衣服凝聚而成水汽。從錢湯回到家裡之後，我們上床鑽進榻榻米地板上的被窩，睡覺的時候嘴巴吐出的氣在沒有暖氣的冰冷房間裡形成白煙。

生活雖不豪華，但我們並沒有因此經歷感到匱乏。相反地，我們覺得這種特殊的經驗讓人感到非常充實。這是對那個尚未完全西化且沒那麼現代化的日本所見的最後的一眼，此後它就永遠消失得無影無蹤。這段不可思議的時光是我後來生活與職業生涯的第一個壓軸（the first bookend），對那個年代的懷舊之情促成我寫出這本書。

我於一九六五年末離開日本，進入美國外交部工作，先在美國駐鹿特丹總領事館擔任副領事（vice-consul），接著擔任美國駐海牙大使館的第三任秘書。後來，我成為史考特紙業公司（Scott Paper Company）在費城與比利時布魯塞爾（Brussels）的業務經理。但是，我在一九七六年回到日本擔任瑞士顧問公司億康先達（Egon Zehnder）的副總裁。我發現自己離開的十年期間，日本已經成為一個富裕發達的國家。不只是腳踏車已經由汽車取代，這些汽車還造成永無止境的塞車。確實，*jutai*（渋滞、交通堵塞）已經成為我太太最喜愛的日文單字之一。「錢湯」也幾乎消失的無影無蹤，被 *o-furo*（澡盆）取代，而這也已經成為日本家庭或公寓日常生活的一部份。當然，現代化也帶來一些負面的後果，東京的空氣品質變得一場糊塗，所以大部分的日本人上街都必須載上口罩。

這是日本式企業（Japan, Inc.）如日中天之時，以市場為基礎但由政府引導的資本主義體制伴隨著戰後經濟奇蹟，一九七〇年代晚期，日本企業征服鋼鐵、紡織與消費性電子用品的世界市場，一直被譽為是有日本特色的資本主義。這些特色包括提供「正職」員工幹部終身雇用制；部分員工將自己視為公司這個大家庭的一份子，對公司極為忠誠，從來不曾想過要另謀高就；設立企業工會而不是全產業（industry-wide）的工會；採取各種手段保護國內市場不受進口的衝擊。日本的公司結構是由一種公司交互任職的準卡特爾（quasi-cartels）體制所支配，稱為**系列**（*keiretsu*），即時交貨、持續改善（*kaizen*）、六度標準差品質控制、政府針對所謂的策略性產業（機械、半導體、電腦、鋼鐵等）進行發展補貼；打壓日圓對美元的匯率，間接補助出口，並且徵收進口關稅。

我一開始主要在一家想打開日本市場的外國企業擔任顧問，接著到一間美國醫療設備製造商的日本分公司擔任執行長，我透過有如苦行的生活經驗，以及一些親切的日本人和美國導師的細心解釋，瞭解整個體系如何運作。在一九七〇年代晚期，日本企業體系似乎是所向披靡：日本的汽車廠開始用這套體制來攻擊底特律的汽車製造商，而日本的半導體生產商開始瞄準矽谷。到了一九八〇年，美國矽谷的半導體公司與美國底特律的車廠聯合鋼鐵、紡織、機械工具、消費電子以及其他產業的代表一起來到華盛頓請命，要求美國政府必須採取行動對抗日本「不公平」的貿易行動。

當然，雷根在一九八〇年當選總統，也就表示有一整批新的資深官員會接手美國政府。一九八一年我被指派到美國商務部（Department of Commerce），先是代理助理部長（deputy assistant secretary），之後成為正式的助理部長，最後成為部長的顧問。我在這些職位的主要任務之一，就是協助並帶領官員和日本展開一連串看不到盡頭的貿易談判。

事實上，幾乎在每個經濟部門都有談判。半導體、電視機、汽車、杏仁、稻米、煙草、電信設備與服務業及保險業——任何稱為產業的部門都有，而且我們的談判不是要打開日本市場就是要阻止日本在美國市場的掠奪行為。一切聽起來相當複雜，如果你想要瞭解所有細節的話，確實很複雜。但基本上可以歸結為兩個相互對立的說法。美國產業界與政府的談判人員一直抱怨日本「行騙」，日本並不是按照自由貿易與自由市場的資本主義規則運作。他們說日本企業是受到補貼，並且把商品傾銷（用低於成本的價格或者比國內市場更低的價格販售）到美國市場，而日本卻用五花八門的手法把自己國內市場保護得像封建大和國（Yamato）固若金湯的城堡一樣。日本產業與日本的談判人員基本上的說法是：「你們到底在說什麼？我們的市場遠比你們還要開放。我們的關稅比你們更少而且更低。問題在於你們不夠努力。事實上，你們根本連試一試都沒有。你們產品的品質很低劣、你們的勞動關係對立，你們的交貨總是延遲，你們幾乎沒有服務，而且你們把方向盤放在車子錯誤的一方（日本和英國一樣是右駕）。你們應該停止對我們抱怨（mau-mauing），用你們老是掛在嘴邊美國人『辦得到』的不死精神重整旗鼓。」

一九八〇到一九八五年之間，美國對日的貿易赤字從美金一百億美元擴大到五百億美元，換算起來這段經濟衰退期就是少了五十萬至八十萬份工作。我的任務是阻止美國的生產、工作與技術如此快速消失，也必須維持自由貿易的原則和美國的競爭力。具體來說，我的任務是打開日本市場，讓美國與外國可以進口並投資日本。

如上所言，兩邊的爭辯是一場僵局，美國認為日本採取不公平的行動，而日本說一切都只是美國的商業與政府團隊（就是指我）無能罷了。事實上，日本的說法沒有錯。比方說，美國公司品質下滑是常有的情況。以汽車產業為例，獨立的品質分析人員，例如消費者聯盟（Consumers Union），一直發現日本汽車的穩定度與品質都優於美國底特律「三大」汽車廠所生產的汽車。同樣地，惠普（Hewlett Packard）在一九八〇年代初拋出一顆震撼彈，根據惠普所做的品質比較研究，報告指出日本生產的半導體，品質平均而言比美國廠商所生產的半導體來得優良。

但這遠非完整的真相，我逐漸瞭解日本這套創造經濟奇蹟的體系之所以能如此優秀，是因為他們藉著巧妙的設計把外國人排除在外，並推動日本國內生產與出口。雖然日本的關稅普遍低於美國是實情，但日本對於那些不具有競爭力的產品，例如稻米，設立了龐大的關稅限制。更重要的是，日本一直低估日圓兌美元的匯率，維持一套非關稅程序的複雜網絡、監管還有進入市場的結構障礙。企業之間交叉持股與董事會交互任職所建立起來的「系列」結構，防止日本會社遭到外國企業收購。

銷售網表現出另一個龐大的障礙。舉例來說，美國的法律規定汽車經銷商是獨立的企業，銷售不受車廠的控制。因此，一間汽車經銷商可以同時出售福特（Ford）、本田（Honda）、大眾（Volkswagen）和任何看起來可以吸引消費者的車子。這種結構意味著當日本汽車公司進入美國市場時，他們不必從頭打造自己的經銷網絡。他們只需搭上現有的福特、通用和克萊斯勒的通路。然而在日本就不是如此，日本豐田汽車的經銷商只出售豐田汽車，並且對於那些想破壞約定（break suit）背叛的經銷商感到悲哀。兩國市場結構上的差異使得進入日本市場遠比進入美國市場銷售更加困難。

我還可以繼續舉例，但我確定你們已經瞭解。白宮指派像我這樣的貿易談判官員是要打開日本市場，實際上等於是要重建這個已經創造奇蹟且似乎所向披靡的經濟體系。我們唯一的障礙並不是試著改變所有日本人堅信可以獲勝的體系，日本還有很多人肯定他們的經濟體系是自身文化的產物，所以是日本獨一無二，因此有許多日本人認為我跟同事是要攻擊並設法改變日本文化。我最後的障礙是許多美國經濟學家與評論家不了解日本經濟的本質與結構，而且由於日本的低關稅，以及日本官員堅持自己就像美國一樣都是資本主義市場經濟，也就認定日本完全跟美國的經濟一樣，可以肯定的是還帶著一些古怪的日本元素在裡頭。

因此，許多日本及美國的評論家批評我們矯枉過正，想要打開一個已經開放的市場。我身為首席談判代表，遭到華盛頓郵報（*Washington Post*）的羅文（Hobart Rowen）特別點名貼上「日本攻擊手」（Japan-basher）的標籤，而此綽號在日本與美國的新聞媒體流傳了很長一段時間。這個稱號給我帶來許多困擾，因為這隱約說我是個種族主義者（racist）。先想一下，羅文可以說我是日本的批評者（critics）。但是，批評不論從理智或道德上來看都有合法性。反之，「攻擊」是帶有情緒性、非理性、充滿仇恨且不懷好意的蓄意中傷。由於這是隨手可用的簡單講法，所以記者不加思索地散播此稱號，而且獲得大量流通，但這是一種深切、根本不實與誤導的說法。這樣做試圖（並且真的達到）將美國與日本貿易談判從對日本正當的抱怨轉向個人毀謗。

對我來說，這段時間相當痛苦，不管是我的專業和個人方面皆然。專業部分，當我和其他美國談判代表一起動手推動一些協定，例如美日半導體協議（US-Japan Semiconductor Agreement）與美日通訊協議（Telecommunications Agreement），某種程度上確實打開了日本市場，但卻因此事讓我們大部分的努力都白費功夫。而在個人層次，我還有我的家人（尤其是我領養的日本男孩），都要面臨媒體報導不斷說我反日本人甚至是反亞洲人，而這令人感到相當不愉快。我在日本有一些好朋友設法寫信給日本主流報紙的編輯反駁這種說法，但他們的熱情不足以扭轉媒體評論為我建立的不良形象。

一九八六年我離開雷根政府，並寫下《貿易位置：美國如何將未來拱手讓給日本？》（*Trading Places: How America Is Giving Its Future to Japan*）這本書。我在書中試著說明自己在對日談判工作這幾年的體會。日本並沒有詐欺，而美國在這項工作上也不算失敗。相反地，美日兩方只是玩著不同的遊戲。美國打的是棒球，而日本則是踢足球，日本並未在足球場上騙人或是亂踢，而美國也把棒球打得很好。困難之處在於美國一直表現得好像兩邊都在玩棒球，或是堅持兩邊都要玩棒球。因為他們並非如此，再加上美國人（基於經濟正統與地緣政治的便利性兩種原因）拒絕承認此事，因為足球比棒球更粗暴，而美國人正在挨打。

《貿易位置》這本書完成之後，我轉而寫其他議題，例如世界貿易組織（World Trade Organization）與北美自由貿易協定（North American Free Trade Agreement）的創立，而且和日本漸行漸遠。事實上，一九九〇年代逐漸使用「消逝的日本」（Japan passing）這個詞，用以描述人們繞過日本前往中國、韓國與東南亞國家的現象，忽視日本市場而偏愛其他更翠綠的牧場，而我也成為這群過客之一。

諷刺地是，儘管看似矛盾，日本卻一直很聰明地聽從一小群「修正主義者」（revisionist）的意見，除了我自己之外，還有大西洋報（*Atlantic*）的法洛斯（Jim Fallows）、加州大學柏克萊分校的詹鶽（Chalmers Johnson）和荷蘭鹿特丹日報（*NRC Handelsblad*）的沃華倫（Karel van Wolferen）等人呼籲在日本進行改革與開放。事實證明，日本的出口浪潮和巨大的貿易順差帶來更多的麻煩而非成功。日本式企業實現「奇蹟」的趕超公式已經奏效，但有時候可能好過了頭。這場奇蹟是建立在高儲蓄、高投資的製造業、國內消費相對較低，以及製造業貿易順差的節節高昇。到了一九八〇年代初，這個運作公式不斷重複，已經給日本帶來超過自身生產能力的過度投資。

日本經濟嚴重失衡。當日本繼續擴張其巨大、現代的製造部門，日本消費者卻遠遠落後於美國與歐洲的消費者，忽視日本愈來愈沒效率與過時的服務業，以及發展新商業的能力。

大量的貿易順差加大日圓對美金的升值壓力，而這最終在一九八五年化為現實。這樣做應當會導致經濟的重整與重新平衡，但日本政府和整個產業不遺餘力地要讓原本的奇蹟製造機持續運轉。中央銀行使得低利率的貨幣（easy money）淹沒市場，投資變得前所未有的容易。確實，一九八九至一九九一年之間，日本的大公司，例如豐田的資金成本（cost of capital）變成負。沒錯，就是市場付錢讓豐田去借錢。當然，這也讓廠商輕易增添更多的能力。最重要的是，低利率貸款的目的是維持日本製造業的競爭力，儘管日幣的升值在不動產與股市吹起一顆大大的泡沫。一九九二年泡沫破裂，也為日本往後兩個「失落的十年」搭建好舞台，讓日本陷入目前的危機之中。

二〇一一年，我做了一項計畫，比較韓國幾項關鍵產業與日本的競爭對手。當我做此研究之際，逐漸意識到韓國正在瓜分日本的市場。起初我不敢相信。現代汽車正在蠶食豐田在美國與歐洲市場的市佔率？三星竟然把索尼當成一個不堪一擊弱的對手？除了韓國之外，蘋果公司的表現就有如我們過去對索尼的期待。三星和蘋果在智慧型手機的市場廝殺，但戰場中似乎沒有什麼像樣的日本對手。索尼只有個位數的市佔率。我不禁問自己到底發生了什麼事情。

為了回答我提出的問題，我花更多的時間與日本以及我的老朋友互動，並且走進商界、政府、學術界、勞工界與媒體界和新朋友聊天。我發現一切事情都令人困惑不已。政府與商界之間過去的合作與溝通似乎消失殆盡。儘管經歷許多對話與努力，但是經濟上並未採取諸多手段重新走向平衡。「無能為力」的心態取代了我記憶中大家經常一起大喊「加油！」（Gambatte）所代表的樂觀與毅力之舊日本精神。尤其是年輕人之間，悲觀主義瀰漫。我發現自己替他們的未來，替我日本朋友的小孩的未來、以及佔據我生命一大部分的國家之未來感到憂心忡忡。我即將七十二歲，慢慢體會到時間的流逝，還有我已經觀察日本，並且在日本或從事有關日本的工作達五十年。我能做些什麼來提醒日本並幫助這個國家逆轉呢？

我決定寫這本書，基本上這是我長期參與日本所寫的第二本書（bookend），希望自己的經驗可以帶來一些洞見和建議，讓日本藉此恢復它過往的活力。這個故事從二〇五〇年開始，當時日本實際上已經完全復甦。它在各種科技與藝術、還有商業、創新與綠色能源方面都是世界先驅。全世界的學生不再是去哈佛或史坦福留學，而是想要去東京大學或京都大學讀書。世界各地的病人不再湧入美國的梅奧醫院（Mayo Clinic）看診，而是到東京的目黑區醫院（Meguro Clinic）就醫。這和我們在二〇一五年所見的截然不同。當然，問題是：究竟發生了什麼事情？

本書剩餘的章節將討論「發生什麼」的故事。但是，首先強調的重點在於「發生什麼」具有潛在的可能性而且是完全可信。畢竟，日本在過去一個半世紀已經重生了兩次，一次是一八六八年的明治維新，當時日本結束了好幾百年的鎖國，向西方開放門戶，第二次則是二次大戰之後。因此，我們知道日本有能力推動翻天覆地的變革。

日本可以辦得到，現在的問題只是要如何再來一次。

過去的創新是發生在重大危機之後。所以，我們據此推論第三次創新也需要一次或更多的危機。正好，日本已經遭遇幾次嚴重的危機，對此第二章會有概述。近期，最重要的危機是隨著安倍經濟學（Abenomics）失敗之後經濟崩盤的威脅。另外，第二章也會介紹一些預測性的危機，例如以色列攻擊伊朗以及美國第七艦隊從日本撤軍，這些都不是難以想像之事。諸如此類的危機導致國家緊急情況，並且建立了特別國家振興委員會（Extraordinary National Revitalization Commission）代表社會各部門，扛起再一次重建國家的任務。

第三章轉向日本和國際舞台的問題。多年以來，日本已經習於在美國安全體制的羽翼庇護之下，造成多數日本人難以想像這種情況會有所轉變。但事實上是有可能改變的。所以很重要的是了解當美國的安全保證已經不如一九四五年以來的背景下，日本所面對的主要問題。這一章我們會看到美國所採取的政策是將軍隊撤離日本，轉向第二島鏈，而日本被迫成為一個更重要的地緣政治及外交強權，雖然美國並沒有完全從這個舞台上消失。

第四章開始處理我眼中日本的關鍵問題。首要的並非經濟。經濟當然是一個重要且立即的問題，但日本真正存在的問題是人口變化。這個國家正在逐步老去。我甚至無法用緩慢地（slow）這個副詞來形容，因為人口老化與減少的速度相當快。日本現在有一億兩千四百萬人，到了二〇五〇年，也就是三十五年內會減少到八千八百萬人口。現在要扭轉這個局勢還不算太遲。其他國家例如瑞典和法國都已經做到。但只要再短短幾年就來不及了，所以日本必須迅速採取其他國家已經證明有效的解決方案。這主要是需要女性角色、男性態度以及移民政策有重大的改變。

第五章談的是日本變成一個雙語國家，讓日本的英語能力有如芬蘭、波蘭和德國等國。乍看之下，這似乎不像人口議題那樣急迫，但對人口結構有很大的影響，並接著衝擊日本所遭遇到的其他問題。如果日本可以說流利的英語，也就能夠吸引世界各國高素質的人才來長期定居，甚至成為公民。如此一來日本就可以輕易地在科學、科技、商業、金融與其他一切最新的發展中維持領先。因此，最根本的是日本必須具備英語能力。

第六章是抨擊以下說法：日本在推動以及成為全球創新的領導者，需要減少在日本的企業活動所承受的高風險。第七章則是考察日本如何發展自己許多潛在廉價的國內能源，進而成為能源獨立國家。第八章則是建議日本要如何把企業結構與體系現代化，特別強調所有員工的地位和待遇平等。第九章重建日本經濟結構，擺脫壟斷、競爭壁壘、監管障礙、以及勢力龐大的利益團體，例如農村合作社和醫療協會。最後，第十章則是展望一個從根本上與民主化的日本，以聯邦方式組織起來，就像德國或美國。

我希望未來的日本人會記得我，作為一位朋友，所提供的一些微不足道但實用的建議。

最後，我必須強調本書完成於二〇一五年四月。在此之前，一切描述的事件都是真實並且實際發生過的。在這個時間點之後，書中講到的事完全根據我的經驗以及對歷史和全球趨勢的理解，進而提出的預測與猜想。

第一章

東京，二〇五〇

二〇五〇春天，你正準備到東京出差，而且已經有三十五年不曾造訪這座城市。你在華盛頓登機搭上全日空（All Nippon Airlines）的航班，經過大約兩個半小時平順的旅程，你發現所搭的三菱808超音速噴射機（Mitsubishi 808 supersonic jetliner）已經在羽田機場上空盤旋準備著陸。

雖然這不是世界上第一台超音速噴射機，但是808的速度幾乎是一九七〇年代法國協和式客機（Anglo-French Concorde）的兩倍，搭載的乘客量是協和客機的三倍以上，飛行距離也幾乎是協和飛機的三倍。這台飛機是由奈米碳纖維和最先進的電子產品組成，飛機及全部零件完全是由二〇二〇年收購波音公司的日本三菱重工在日本自行研發製造。這是因為波音公司在787夢幻客機（787 Dreamliner）不斷著火與迫降之後破產而導致的結果，許多分析師紛紛打趣地將波音787說成是「惡夢班機」（Nightmare Liner）。現在全球主要航空公司都用808執行長程航班，而出口這架僅在日本製造的飛機，幫助日本的貿易順差回到一九八〇年代才有的水準。

當飛機落地，你發現眼前是世界上最先進便捷的航站。羽田機場很早就取代了成田機場成為東京的主要門戶，訪客一落地就會立刻愛上這個地方，因為這裡有著對訪客友善的系統，而且離市中心不到三十分鐘的路程。你不需要護照或者海關，因為護照已經在飛機上掃描，並且在航程中透過電腦先行檢查。下飛機之後，你會遇到托運行李的機器人，經過辨識確認你是行李的主人，然後陪你到預選的火車站或是智慧型巴士總站。

你在機場實實在在地第一次接觸到現代日本。沒有豪華巴士或排班的計程車往返機場與東京市中心或其他目的地。機器人駕駛的高鐵以及無人駕駛的汽車取而代之，搭載每位旅客或各個團體。日本已經沒有人開車，所有的汽車都是智慧型，鐵路與建築物也一樣是智慧型。乘客只要踏入車子，告訴它目的地，這輛車就會自動在特定的時間以最快的路線把乘客送到目的地。由於這些創新，日本幾乎聽不到交通的意外事故，也因此不會有人車禍受傷或死亡。

智慧型運輸不但安全而且便宜，因為日本已經發展出各種低廉的能源，如風力、光電（photovoltaic）、海洋電流與甲烷化合物能源（methane hydrate energy sources）和儲能裝置，全部連接在一個遍佈全國的智慧電網。這使得發電成本幾乎降到最低，遠低於日本過去結合核電和化石燃料發電廠的成本。

當車子靜靜地駛入東京的郊區，你會被建築物的高度所嚇到。因為日本地震很普遍，因此導致大部分地區都不太穩定，東京的建築物相對來說樓層較低。當然，抗震建築的進步讓日本從一九七〇年代開始興建摩天大樓。但東京並沒有像紐約和香港那樣繼續發展天際線。現在一切都改變了。日本一直是防震建築設計的先驅，它把應付地震的冶金與結構技術推往前所未見的高度，因此東京地區的建築物受到地震損害的風險實際上已經不復存在。但更重要的是日本發展以碳纖維為材料的「終極鋼纜」（UltraRope）技術。這項技術於二〇一二年由芬蘭電梯公司科恩（Kone）首次推出，隨後由日本碳纖維和重型設備製造商進一步發展，該技術已經創造出重量只有傳統鋼索七分之一的纜線。而在開發終極鋼纜之前，乘客要登上摩天大樓的頂樓需要換乘一次或兩次電梯。數量更多的電梯也會讓建築物更重，為地基帶來壓力而限制建築物的高度。「終極鋼纜」讓電梯可以每次爬升一公里以上，有可能讓建造更輕。這也讓東京有一棟商辦住宅大樓超越二〇一五年世界最高的建築物杜拜哈利法塔（Burj Khalifa）。

這樣不但可以更有效地利用空間帶來更舒適的辦公和生活配置，也產生許多意想不到的經濟效益。事實證明，城市密度愈大會促成一個智慧的城市環境，接著刺激企業活動，從而引發更多更快的創新。當然，世界其他城市會跟隨東京的腳步打造更高的建築，但日本是全球先進結構設計與知識（know-how）的中心。日本的工程建設公司在世界各地炙手可熱，擔任全球多數大型工程建設計畫的領導者。

抵達指定的飯店之後，工作人員講著無可挑剔、毫無口音的英語迎接您。（這只是證明日本已經變成一個完全雙語國家的其中一點，每位學生都必須精通英語是取得中學學歷以及求職的條件。你也很快地就注意到許多電視與網路廣播播放著英語字幕，而且有許多節目都是用英語發音配上日文字幕）。你隨即被帶到自己的房間，不需要辦理任何入住手續（這些都已經在從機場出發的車上透過電子化的方式處理完畢）。

如果說凡事都已經透過電子化處理可能會給人一種錯誤的印象。就個人而言，更精確地說是一切事情都以口頭處理。日本人的電子、通訊與軟體產業已經進化到人只要對隨處可見的智慧型設備下達口頭指令、陳述或查詢，它們就能夠執行必要的操作以及指令。人們載上嵌入式電子產品與語音辨識能力的手錶或其他配件，這些設備透過龐大的網路連結到巨大的雲端資料庫與超級電腦（hypercomputers）。想當然耳，這些能力的發展需要發明全新的材料、工業製程、無菌環境、工具、通訊技術等。當然，日本不是唯一具備這些能力的國家，但這些創新或發展大部分在日本完成，日本在這方面是最先進、發展數量最多的國家。

舉例來說，最近有許多遊客到日本是因為健康因素。有些生病的人前來尋求最新的療法——包括幹細胞為基礎的受損神經和畸形肢體再生，還有先進的診斷服務。其他人來日本是從事健康相關的學習或是到醫院和研究機構工作。從各方面來看，日本已經成為有志於醫療照顧者的朝聖之地，特別是那些六十五歲以上對於維持生活品質感興趣的人。這也不難理解，日本目前的平均預期壽命是九十五歲，比任何一個國家都要超過八歲以上。更重要的是阿茲海默症（Alzheimer）與癡呆症發生的比例已經大幅度減少，因此，大部分日本老人不只是活著，還活得很好很健康。

這有一部分是由於飲食和良好的環境因素所致，例如公共衛生、乾淨的空氣和潔淨的水、提供給老人的社區健康方案與規律運動。但也有一部分是因為日本有世界最先進的藥品和醫療保健服務。醫療旅遊成為日本領先產業之一，出口服務的產值甚至超過飛機製造。現在，世界上每個罹患重症的病人，都會尋求日本醫生以視訊連結的方式協助手術，一般也會希望從日本最好與最聰明的醫生處聽到其他建議。日本藥廠已經成為世界領先者，而在對抗傳染病方面，抗生素量產部分已經取代抗菌藥物，還有治療老年癡呆症、阿茲海默症與其他老年疾病的各種藥物與治療。

同時，日本製造醫療儀器，例如CAT和MRI掃描儀、自動手術的機器人、以及監測患者設備等，也都已經是世界領先的大廠。另外，日本在維生系統、化學醫療分析與智慧型人造義肢、眼睛、耳朵、心臟、激素，甚至是部分大腦方面的專業知識皆無與倫比。更令人印象深刻的是，日本醫療產業能夠處理幹細胞和幹細胞技術。老化的皮膚可以恢復青春年華或是換皮。嚴重受損或罹患疾病的內臟器官，例如肝臟和胰腺，基本上可以移除並重建。當然，許多遺傳性疾病可以在懷孕期間就診斷出來，並且透過目標基因移除取代以及幹細胞治療而加以預防。

也許，最重要與最令人印象深刻的進步是日本的醫療專業已經蛻變成全球絕對的領先者。世界各地的學生與實習生努力要進入日本的醫學院、謀得博士後職位並參與實習計畫。日本具備先進醫療訓練的醫生成為國外醫院炙手可熱的人才，並且成為頂尖大學與會議的講者與講座。此時，如果你要動手術，你會希望主治醫師是日本人。如果你打算進行腦部移植，這名醫生一定是日本人，因為尚無任何其他國家的醫生精通這項技術。

運動場上的情況就有如醫學的發展：幾乎在所有運動項目，任何人想成為世界級選手都需要一名日本教練。這一點從日本運動員宰制二〇二〇年東京奧運的賽場看得一清二楚。二十世紀，甚至在二十一世紀前二十年，日本並沒有著名的世界級運動員（除了日本的武術，這幾乎由日本獨占鰲頭）。但在剛剛結束的西非馬里共和國舉辦的亭巴克圖（Timbuktu）奧運，日本運動員奪下八十面金牌，金牌數是美國的兩倍。過去，日本人總是因為身材矮小受限，大部分是因童年時期營養不良所致。不過，到了二十一世紀，日本人的營養不只是好而且是更好，普遍來說，營養比其他所有國家都好，醫療與預防疾病也不惶多讓。日本運動員的競爭企圖心一直很強。一旦他們也有了具競爭力的體型，很快就成為世界上最令人畏懼的對手。他們隨即培養出一群出色的教練，並且發展出一套完全嶄新的培訓技術，並逐漸主宰全球體育運動，有如他們主宰全球建築與世界醫療一樣。非日本的相撲選手已經好多年不能登上橫綱，而日本的棒球選手幾乎保持了全世界的投球、打擊、全壘打以及所有的棒球紀錄。日本的高爾夫球選手、足球明星和網球選手當然也主宰了世界各大賽場，而原本的美洲杯帆船賽（America's Cup sailing）現在則被稱為大和杯（Yamato Cup）。

現在日本人不只體型變得更大，人口數量也變得更多。日本是少數幾個人口與勞動力成長的國家之一。育齡婦女平均生二．三名兒童，明顯高於二．一的人口替代率。此外，日本對移民敞開大門，特別是那些具備高學歷和技能的移民。因此，經歷了二十一世紀前十年人口減少之後，日本人口再次增長，並且即將超越一億五千萬人的門檻，而附近的國家，如中國、韓國和俄羅斯都持續承受人口緩慢衰退之苦。當然，人口增長會推動經濟增長。由於勞動力增加，再加上強大的生產力提升與技術進步，日本現在的國民生產毛額（GDP）有年均四．五％的成長率，遠遠超過其他大國，也正好是中國的兩倍。

訪問日本企業總部的外商很快就會看到人口和經濟增長爆發的關鍵因素。他們所遇到的執行長幾乎有一半是女性和非日本人。事實上，如果是來參加董事會，外國的執行長有時候會懷疑自己的班機是不是意外降落在奧斯陸（Oslo）或斯德哥爾摩（Stockholm），而不是在東京。日本公司的董事會有許多女性，實際上已經超過北歐（Scandinavian）女性進入董事會的百分比。當然，這會推翻日本企業的政策、心態與運作方式和特質。下午五點以後，辦公室大都空無一人，不久之前還是日本商人深夜流連忘返的居酒屋和溫柔鄉，現在也顯得冷冷清清。公司週末打高爾夫球的情況愈來愈少而且不再鋪張浪費，取而代之的是以家庭為主的行程、優質的度假村與兒童喜歡的景點。另外，過去每家公司的辦公室在新的提案上都會有精心製作的正式簽字「稟議」（the *ringi*）系統，現在已經由 skype 通話和快速核准所取代。這些改變讓日本公司因為它們大膽、勇於冒險的態度以及快速決策的能力而令人尊敬與畏懼。

《日經》全球一千大（過去是《財富》五百強）企業之中，四分之一是日本企業。有一部分是因為日本現在擁有全球最佳的商學院，比方說，哈佛商學院（Harvard Business School）在全世界連前十名都排不上，而日本的一橋大學（Hitotsubashi）、慶應大學和京都大學商學院被視為世界前三強，歐洲英士國際商學院（INSEAD）排名第四。

日本商學院的崛起以及女性執行長的新角色，點燃公司治理的急遽轉變。必要與適度獲利的概念，已經取代維持就業成為日本公司的主要目標。除此之外，全球經濟中的兩項轉變支持著日本的管理與經濟學教條與實踐。世界經濟並非如長期預測所說互賴程度愈來愈高，而是比過去三十五年更缺乏整合也更不全球化。它愈來愈偏向中國兼具國家與市場的資本主義之路，而不是美國那種以自由市場為主的資本主義。

這和大部分專家在二〇一五年左右所預測的相反，接下來幾年全球金融與生產成長愈來愈以國家與地區為主，而不是走向全球化。有一部分原因是本世紀初幾場金融危機的衝擊。舉例來說，二〇一〇至二〇一四年歐元危機的確促使一些歐盟成員國實行資本管制，讓世界各地的投資者更清楚地看到沒有政治整合的金融整合必定會帶來災難。同樣地，美國在二〇〇六至二〇一二年不動產泡沫崩盤，使得更多以國家為主的監管措施大量增加。同時，中國推動人民幣與美元競爭儲備貨幣，驅使金融市場進一步分裂。從十九世紀末金本位制以來，美元一直是世界的全球貨幣，努力要用人民幣取而代之，促成的方向是背離而不是走向全球化。

新技術的發展，例如3D列印，隨著全球工資上升、自動化程度的不斷提高，以及徵收碳稅，使得二十一世紀初遍及全球的供應鏈愈來愈派不上用場。基本上，3D列印技術讓人們有能力像印書一樣製造汽車、房子或幾乎其他任何設備。操作者只要用各種原料（金屬粉末，堵漏碎塑料等）的墨水匣，並且像墨水一樣裝到列印機。

列印機就可以依照事先設定的模型堆積原料，最終製造出一個 3D 物體，像是鎖、錘子、叉子，或任何你有的東西。這個過程降低經濟規模的重要性，引發一場真正的革命，同時也降低自動化，讓生產線運作不再必要。因此，這會把產品的生產盡可能遷徙至需求之處，遠離低勞動成本的位置，因為這個過程所涉入的勞動力非常稀少。

徵收高額的碳稅來抵消污染的衝擊並且鼓勵發展替代能源，提高了空運和海運的成本，也使得生產更接近需求的來源。這一切都有利於日本人，日本的管理者總是傾向於直接控制生產，而不是依靠擴大和複雜的全球供應鏈。而且，日本畢竟在一九五〇年代實際上創造了政府支持的資本主義，現在這和中國聯繫在一塊。因此，這個世界已經用日本的模式度過兩個世代。

日本公司復興的另外一個重要因素是日本從製造延伸到過去一直落後的服務部門。現代日本在飯店、保險、銀行、線上零售與其他服務產業的市佔率和製造業的實力不分上下，而日本整體的生產力也領先全球。

最近，商務客與遊客到日本也會對當地的樓房、公寓與公寓大廈的規模與精心設計留下深刻的印象。寬敞的生活空間讓日本普通家庭也有房間讓整理家務或照顧長者的幫傭住在家裡。二〇二〇年代，日本已經根據「泛太平洋戰略經濟夥伴關係協定」（Trans-Pacific Partnership free-trade agreement），全面取消進口關稅與農業補貼。大約在同一時間，日本的土地使用權、土地稅和財產轉移的法規現代化、更加開放與透明，因此有了一個貨真價實的土地和不動產市場。一連串解除管制的措施把用於小型耕作的土地轉成住宅或商業農業用途。

日本人一直認為本國人口密集，領土多山，很少有土地可供居住，因此房屋一定又小又狹窄。一九七〇年代，有一位英國貿易的談判人員把日本典型的房子稱為「兔子屋」（rabbit hutches），這種說法後來流傳開來。因此，那些長期以來對日本有刻板印象的初訪者，會很驚訝地發現先進智慧型交通結合農地開放發展，已經完全改變日本的地貌。前有舒適庭院的大房子取代了「兔子屋」。由於日本全國都有超高速網路，通訊相當普及，而且大部分的住家都有著相當寬敞的的辦公空間。這些較大的住宅比起「兔子屋」需要更多家具、設備和各式各樣的材料。當然，這種需求也成為國家經濟快速擴張的一大原因。

然而，成長的主要原因是日本的新移民帶來的尖端科技與新興產業發展。無論是生物技術、納米技術、電子、材料、航空、化學品或軟體，日本的研究人員和企業跟醫療與飛機技術的情況同樣處於領導地位。目前政府與私人部門支持的研發總計占日本國內生產毛額近六％。但事實上，如此大的差異，真正的原因在於研發不是隨機，資助的各個階段都經過嚴格審查，所以研發極為集中。除此之外，為了促進、提倡技術發展，世界各地一流的技術人員如果願意來日本工作，日本將會提供獎金紅利。外國的技術人才移民到日本，可以自動取得日本的公民身份，同時給予獎金與支援，幫助他們適應日本的生活方式。這些外來技術人才的湧入，加上許多新世代日本企業家的努力，已經出現了數千家新公司，數百個全新的行業也大部分都集中在日本。

日本人口的增長和經濟繁榮讓日本能夠避開中國、德國、韓國等大多數主要國家老化及撙節支出的問題。由於預算連年剩餘，國債從國內生產毛額的二四〇％降到五〇％，而醫療費用則從二〇一三年的九％左右下降到目前的六％。如果考慮到日本六十五歲以上的人口仍然較多，醫療支出在品質改善的情況下依然下滑，這個現象本身就是一種經濟奇蹟。日本已經成為世界其他國家欽羡的對象，因為沒有其他國家能夠像它改進醫療並同時降低支出。

在此同時，日本的國防支出也從國民生產毛額的一％成長到三％左右。這波擴張始於二〇一四年，日本的尖閣列嶼（釣魚台）受到中國威脅之後，依據憲法第九條禁止日本發動戰爭的規定，重新界定自己國防力量的範圍。這一條以前被解讀成日本只能在防止敵人直接入侵時自衛，甚至在盟友保衛日本受到攻擊時也不能提供支援。重新解釋法案放寬了自衛的能力，可以與盟軍合作並提供支持。之後，條款再度重新定義，日本軍隊可以進行防禦，並把支援盟友視為防禦的一部分。日本在重新詮釋之後，現在認為自己實際上擁有完整的主權，包括在國家重大利益受到威脅時日本有權發動戰爭。為了回應中國兵力而打造的軍隊，讓日本成為世界第三大軍事強權，擁有完整的核武兵工廠和先進的航太武器（cyberweapons），以及一大批洲際飛彈。日本的軍艦巡邏西太平洋、麻六甲海峽和印度洋。首屈一指的科技、繁榮的經濟再加上軍事實力，使得日本變成大家亟欲爭取的戰略伙伴；東亞、東南亞與南亞大部分國家，還有歐盟與美國全都和日本簽訂安全條款或其他安全協議。

日本全球地位的復甦大大提升該國已經很廣泛的軟實力。即使在一九九〇年日本經濟跌跌撞撞的時候，日本文化的重要部分仍然獲得國際採用。壽司變成了全球食物、看板（*kanban*）即時物流體系成為全球管理技術、卡拉OK變成全球的音樂娛樂形態，看漫畫成為全球重要的消遣活動。現在隨著日本的復甦與繁榮，日本在設計、藝術、飲食、工程、科學與其他許多領域的創新都已經無遠弗屆滲透到各處。整個世界都渴望著日本的表演者、教授、廚師、畫家、作家、工程師、設計師、作曲家和科學家，更不用說日本的政治、經濟和社會分析師，擋都擋不住。有些人希望這是第二個美國人世紀（Second American Century）——有許多人原本預料這是中國的世紀，但事實上已經是日本的世紀。

不過在一世代之前，這一切看似天方夜譚。確實，二〇一四年流行的觀點認為日本在嚴重的內爆危險下有可能全國癱瘓（national basket case）。根據預測日本到了二〇五〇年，人口減少到大約八千五百萬人，其中有四成超過六十五歲。有人提出在二三〇〇年之前最後一個日本人將會死去。低出生率會摧毀世人眼中日本最基礎的元素，例如健全的家庭、兒童是家庭生活的中心、孝順、尊重並照顧長者、整個村莊緊密相依。不論男女都是晚婚或不婚；一旦結婚又生得很少或根本不生。日本的延伸家庭隨著照顧老人的負擔變得太過沈重而消失。因此，從傳統的延伸家庭來看，日本進展成只有核心家庭，甚至是沒有任何家庭。隨著人口數量的萎縮和老化，面對最小的經濟成長以及高達國內生產毛額二四〇％驚人的國債問題時，退休金與醫療保健的成本令人望而卻步。日本國內高儲蓄率一直讓這個國家從內部融資，但是隨著儲蓄下降、負債上升，分析師預測日本很快就會向國外投資客出售國債。有人認為這會迫使利率提高，而且這些債務相關的支出很快就會吃掉國家預算的四分之三，還不包括其他支出在內。

一九八〇年代曾經不可一世的日本企業有如昨日黃花，有一些公司幾乎破產。之前在電子業呼風喚雨的索尼，已經遭到韓國的三星與美國的蘋果公司超越，收益節節下滑。二〇一二年，日本第三大雇主松下電器（Panasonic）承受一百億美元的損失，這也是日本製造業有史以來最大的損失，因此導致近四萬名員工遭到裁員。日本一度領先全球的半導體廠爾必達和瑞薩（Elpida and Renesas）到二〇一二年基本上已經破產必須等待救援。在汽車產業，本田事實上已經成為一家美國公司，而日產（Nissan）從一九九〇年代中期就和法國的雷諾（Renault）並肩作戰。日本管理上的重要創新，例如「看板系統」即時生產，持續改善與六度標準差品管都已經成為全球標準，但新的管理概念卻遲未出現。事實上，許多觀察家指出，日本的管理者似乎遲遲無法採取靈活與混合的方式、扁平組織，以及韓國、美國、德國、台灣和新加坡等其他全球管理者所強調的創新。全球商學院不再提到日本的管理技術，而是以索尼和其他日本企業為個案，教導大家如何避免停滯、衰退和失敗。

諷刺的是，過去不斷批評美國的執行長把工作外包和移到海外的日本老闆，現在卻也在做同樣的事情。同樣地，正如一九八〇、九〇年代美國人抱怨美元太強，二十一世紀初期的日本企業也在抱怨日元過於強勢。有些分析師懷疑，一九六〇年代整個日本的經濟奇蹟以及日本管理有如傳說般的優秀表現，主要是因為日圓被低估和保護國內市場。這似乎是說日本的產業無法在真正公平的環境中競爭。尤其是，日本似乎在創新上一敗塗地。除了少數例外，如軟體銀行（Softbank）和樂天（Rakuten），二十一世紀初炙手可熱的新想法和公司，如Skype、Google、華為和三星都不是來自日本，而是歐洲、美國、中國、和韓國的公司。那些想要學習新事物，發展個人事業和想法的聰明年輕人，開始湧向美國、中國甚至印度，而不是前往日本。同時，日本的年輕人不再出國留學或是學習英語或中文，比起他們的上一輩更常留在國內，對於世界的所知也比較少。據說這是因為日本舒適安穩，日本人沒有必要也沒有誘因離開日本。但這顯然只是小部分原因，因為大量的年輕日本人已經成為「繭居族」（*hikikomori*），他們與世隔絕不和外界往來，把自己鎖在房間裡，根本無法應付生活在日本社會的壓力。

二〇一一年，可怕的海嘯與隨後的核子反應爐輻射外洩重擊日本。不只是整個社區遭到摧毀，許多農田也難逃此劫，此外全國所有的核子反應爐——佔總電力供應量的二十五%——都停止運作。雖然有一些核電廠重啟，但大多數核電廠並未再開，也就表示日本在災難發生後幾年內將加劇對高價石油的依賴。由於能源如此昂貴，任何需要耗費大量能源的製造業都前景堪憂。

雪上加霜的是，中國在二〇一一和二〇一二年之間進一步羞辱日本，並採用準軍事行動甚至是公開的軍事行動對抗日本控制的尖閣列嶼（中國稱為「釣魚台群島」），中國宣稱釣魚台屬於中國，藉此損害日本與聯合國之間的關係。另外，中國接著鼓勵並秘密支持沖繩的獨立運動，這是美軍在日本的大本營。顯然，中國認為日本這個國家已經窮途末路，藉日本這個例子警告其他想和中國爭奪領土和主權的國家。美國受到條約所迫必須保護日本免受襲擊。但華盛頓內心真的希望避免與中國產生衝突，並竭盡全力要討好各方。一方面，美國聲明自己對這些島嶼各種歷史主張的有效性並沒有任何立場。另一方面，它表示理解（recognized）到此島嶼目前由日本管轄的事實，以及不要透過武力解決此問題的重要性。美國總統歐巴馬在二〇一四年四月公開表示，這些島嶼處於美國的軍事保護傘之下。但不論是日本和世界其他地方，許多人都合理地懷疑美國真的會為了釣魚台列島的風吹草動而與中國開戰。而這些懷疑只會進一步削弱日本的立場。

總而言之，日本在二〇一五年時的各項前景看起來都非常糟糕。當然沒有人可以想像日本在二〇五〇年的真實情況與地位。

到底發生了甚麼事情？日本如何改變自己未來的軌道？

這本書的目的就是要回答這些問題。

第二章

二〇一六：充滿危機的一年

二〇一六年，日本新的人口預估讓人驚醒。二〇一〇年的人口普查預估，日本一億二千八百萬人口到了二〇五〇年將會減少到九千五百萬人，日本四十七個縣全部的人口都在減少。人口減少最嚴重的縣，例如秋田縣、青森縣和高知縣，據估計人口減少將高達三分之一。但即使是東京也收到警告，預計人口會減少將近七％。二〇一六年新的預測顯示人口的下滑會更劇烈，二〇五〇年總人口數會下降到八千八百萬人以下。更糟糕的是人口老化的預測：二〇一〇年的估計指出，二〇四〇年六十五歲以上的人口將佔各縣人口的三〇％以上，秋田縣、青森縣和高知縣老化人口將達到四〇％以上。但新的預測是到了二〇五〇年超過六十五歲以上的人口比例會達到四〇％以上。

這些數字對於社會、經濟和國家安全所代表的意義幾乎難以想像。許多日本人一直自我安慰說人口減少不會構成問題。確實，經常有人提出日本的人口減少之後就不會如此擁擠，所以住起來更舒服也更適宜人居。但是如果冷靜、嚴肅地看待這些預測，就能看到一場快速降臨的災難。二〇一〇年勞動力的規模為八千七百萬人，到了二〇五〇年只剩下大約五千兩百萬人，因此在很短的時間之內，一位活躍的日本工人不只要養活自己還要養活一位老人。這對退休金來說實在非常可怕，退休金體制假定投資報酬率大約有四％。事實上，有時候實際的報酬率只有二％，很有可能二十年內退休基金就會用光。但截至二〇一六年為止，照顧老人的成本似乎大幅提高。一九九一到二〇〇〇年之間，社會支出增加了大約五〇％。新的預測顯示二〇〇〇年到二〇二五年之間，社會支出將會增加近一倍。隨著每年人口減少接近一％，生產力每一年必須增加三％才能讓國民生產毛額每年成長二％。但過去二十年來，生產力不曾有此水準。緩慢或近乎零的國民生產毛額成長，無法支撐因退休、醫療照顧、老人照護而日益增加的政府支出。

除了國內的經濟後果之外，這些數據也帶來很大的國際與安全隱憂。老化與脆弱的日本能否適當地回應中國復甦帶來的挑戰？日本能否繼續成為美國或東南亞國協（ASEAN）各國的盟友？甚至能否維持它在七國集團（G7）、八國集團（G8）再到二十國集團（G20）的地位？

不論怎麼看這些數據和趨勢都令人沮喪。日本似乎注定要變得更老、更窮、更多病以及更不安全，而且賺得愈來愈少，稅的負擔卻愈來愈高。日本似乎是一個垂死的國家。

熄燈

二〇一四年春天，遜尼派（Sunni）穆斯林武裝團體，也就是敘利亞與黎萬特的伊斯蘭國（Islamic State in Syria and the Levant, ISIS、ISISL 或 ISIL），從敘利亞東北部的根據地發難，並迅速擴展到伊拉克西北部直達巴格達的大門，同時也威脅著北方的沙烏地阿拉伯、約旦和土耳其部分地區。與此同時，美國和伊朗似乎正迅速取得協議，允許伊朗繼續發展核電的能力，但仍禁止伊朗取得生產核武的足夠能力。這兩項發展結合在一起，造成中東聯盟出乎人意料之外的轉變。由於美國在伊拉克剷除獨裁者海珊（Saddam Hussein）之後，負責催生創立什葉派穆斯林政府（Shia Muslim state），所以美國深覺有義務要防止新國家崩潰。它也希望與德黑蘭保持良好的關係，以完成這項核電與核武的交易。但是，美國長期的盟友沙烏地阿拉伯、以色列和約旦都打從心底對伊朗及其代理人真主黨（Hezbollah）在敘利亞、黎巴嫩和北沙烏地阿拉伯的力量存有恐懼。他們深信伊朗傾向於推翻與摧毀他們的政府。結果在二〇一六年底，約旦和沙烏地阿拉伯開放領空供以色列轟炸機使用，讓以色列大規模攻擊整個伊朗疑有核武設施的地方。德黑蘭施以反擊，從黎巴嫩發射真主黨火箭襲擊以色列、擊沈船隻、並且埋下地雷，封閉霍姆茲海峽（Straits of Hormuz），阻止一切船隻運輸石油到國外。他們也受到什葉派穆斯林的鼓動進行破壞，儘管什葉派在以遜尼派為主的沙烏地阿拉伯屬於少數，但他們掌握了王國中多數的大油田，以及波斯灣西部邊界的煉油廠。一夕之間，石油價格飆升至每桶三百美元，這項威脅導致日本陷入嚴重的貿易逆差，完全拖垮日本的經濟。

由於日本有八〇％的石油和一半的液化天然氣（liquefied natural gas, LNG）必須通過霍姆茲海峽進口，關閉此通道使日本陷入絕境。日本政府向俄羅斯請求協助，但莫斯科回覆說自己已經承諾要把石油提供給中國，沒有額外的能力再供給日本。日本努力從印尼與馬來西亞獲得更多的石油也以失敗告終，因為這些國家希望確保自己和東協的盟國能夠獲得充分的供應。東京在絕望中轉向美國，希望緊急進口頁岩氣的液化天然氣和頁岩石油。但是，雖然美國因頁岩礦床開發而能源獨立，但還沒有足夠的基礎設施出口大量的液化天然氣。

為了彌補石油和液化天然氣燃料能源的一部分損失，日本政府加快重啟核電廠的速度。這些核電廠在二〇一一年海嘯造成福島東京電力公司（TEPCO）核反應爐部分溶解之後幾乎全部關閉。為了進行安全檢查，反應爐自動削減日本電力生產的二五%以上。儘管愈來愈多民眾公開反對核電，但到了二〇一四年中，政府已經完成大部分的安全檢查，並且開始重啟五十四個關掉的反應爐。

二〇一四年九月初，核能監管小組裁定，日本南部仙台電廠附近的幾個休眠火山不會為發電帶來任何風險。然而，二〇一四年九月二十七日，附近的御嶽山（Mount Ontake）突然爆發，東京大學一流的教授和火山學家藤井久雄（ToshitsuguFujii）提出警告，沒有人能準確預測火山噴發，日本未來有遭受火山干擾的危險，這將危及一些核電廠。果不其然，二〇一六年底，櫻島山（Mount Sakurajima）意外地釋出一些熾熱、快速移動的氣體和岩漿，迅速撞擊仙台的兩座反應爐。因此民間社會給政府施予龐大壓力，要求關閉所有反應爐，就算是遠離火山爆發的威脅也一樣。因此，日本重新嚴格限制核能的發電。

美利堅治世（THE PAX AMERICANA）在亞洲的終結

二〇一二到二〇一六這幾年，整個亞太地區的權力平衡徹底改變。中國已經成為世界上最大的經濟體。過去，中國一直在追求經濟成長，基本上忽視地緣政治的問題和野心。但隨著二〇一二年中國佔領菲律賓海岸附近那塊菲律賓宣稱擁有主權的黃岩島（Scarborough Shoal）之後，情勢隨即有了變化。自此之後，中國藉著控制「九條線」（nine-dash line）把自己愈來愈大的權力延伸到附近的海域（中國現在用舊地圖上的區隔線來決定自己合法控制的領域），其中幾乎包括南海的所有島嶼和淺灘。中國政府為了回應日本政府於二〇一二年購買尖閣列嶼，開始主張自己擁有這些島嶼的主權，並挑戰日本的管轄權，派遣漁船和其他船隻闖入海域，並在這一帶進行空軍演習。二〇一四年初，中國突然建立了一個新的防空識別區（Air Defense Identification Zone, ADIZ），範圍包括尖閣列嶼以及韓國佔有的珊瑚礁和島嶼。同一年，中國開始在越南也宣稱擁有主權的海域上進行石油鑽井作業。這些行動伴隨著中國軍事力量的迅速增長，尤其是海岸上的反艦飛彈岸防砲（shore-based anti-ship missile），最終的目的是抵抗美國太平洋司令部（US Pacific Command）及盟友的武力在靠近中國的「第一島鏈」（日本沖繩、琉球、尖閣列嶼、台灣、西沙群島、南沙群島和麻六甲海峽）進行防衛與維持區域的穩定。

所有人眼睛都盯著長久以來的霸權以及負責維持當地穩定的美國要如何回應，眼見華盛頓並無強烈反應，這一帶也就感受到明顯的不安。二〇一一年，中國佔領黃岩島之後，白宮派遣國務卿到北京和菲律賓敦促兩國進行談判，但沒有採取任何具體措施來預防或扭轉中國的佔領。一開始似乎是美國外交取得成功，中國同意與馬尼拉進行會談。但隨著談判的拖延與無疾而終，中國繼續佔領而華盛頓繼續觀望。而在日本，長期以來對尖閣諸島的主權爭議（二〇一二年是公開挑戰）之中，美國一直處於微妙的位置。美國好幾次表示承認（recognized）日本目前對這些島嶼有管轄權，因此美國根據「美日安保條約」（US-Japan Mutual Security Treaty）必須捍衛它們作為日本領土的一部分。換句話說，尖閣諸島被認為是在美國的核武保護傘之下。不過，華盛頓同時也表示，美國對於中國和日本是否合法擁有這些島嶼並無意見，這些島嶼最終主權應該是由兩國談判決定。當中國宣布新的防空識別區時，美國空軍未事先知會中國就派出了兩架B-2型轟炸機飛越中國的識防區，也就表示美國政府並不承認中國識防區的合法性。不過，華盛頓也建議飛越這一區的美國航空公司，必須遵守中國新的防空識別區。

可以肯定的是，華盛頓於二〇一二年已經宣佈要「轉向亞洲」（pivoting to Asia），但看到情勢的發展，許多當地人都好奇所謂「樞紐」真正的意思為何。當二〇一三年底這個計畫自國防部五角大廈洩露出來，才引起人們對此的關切，為了避免與中國正面衝突直接威脅到美國，降低國防成本避免美國聯邦預算赤字過高，美國正考慮將美軍撤離到中國的「第二島鏈」（東京灣、小笠原群島、馬里亞納群島、關島、帛琉、巽他海峽）。在這個區域裡，沒有一個人確定美國是否真的想要維持它在亞太地區的主導地位。

接著，在二〇一六年底，日本自衛隊飛行員對中國飛越尖閣諸島的戰機發射子彈以示警告，卻意外導致一架中國戰機迫降。中國回應的方式是佔領尖閣諸島中的最大島魚釣嶼（Uotsuri Island）。華盛頓譴責中國這波行動，並派出第七艦隊到附近巡邏，但沒有採取行動驅趕佔領島嶼的中國人。反之，美國呼籲日本與北京進行談判，協定共同管理這些島嶼。華盛頓對於有情報顯示中國支持沖繩的獨立運動也沒有太強烈的反應。顯然「美日安保條約」在面對與中國的衝突時有其侷限。

讓日本更憂慮的還有中國與韓國之間日益緊密的準聯盟關係（quasi-alliance）。二〇一四年為止，中國已經成為韓國最大的貿易與投資伙伴，韓國最大的「財閥」（*chaebol*）企業集團現在不僅要依賴中國市場，還要倚靠中國的科技與技術工人。按照一九五三年「美韓安保條約」（US-Korea Mutual Defense Treaty），美國對韓國軍隊的正式指揮權，按照計畫要在二〇一五年轉移到韓國將領之手。但美國提前一年在二〇一四年轉移，也就表明它不願直接負責韓國的防衛責任。這些變化發生之際，日本與韓國之間的關係也變得愈來愈麻煩。韓國繼續佔領竹島島鏈（Takeshima chain of islets），而日本人認為這個島屬於日本。首爾不斷拒絕東京提出的談判要求。根據二〇一三至二〇一四年之間的協議兩國可以共享國家安全機密，但最後一刻協議遭首爾拒絕，也就表示韓國軍隊只能透過五角大廈的辦公室和據說是盟友的日本軍隊溝通。韓國與日本間的關係逐漸冷卻背後的原因是二次大戰後延續下來的問題，例如日本皇軍挑選韓國女性成為日本軍隊的性奴隸或「慰安婦」。每次日本首相安倍晉三或他的親信到東京的靖國神社參拜時，或是雙方看似要討論或重述日本的戰敗致歉詞時，這些議題和其他戰爭時期的議題又會再度點燃。

中國和韓國一樣都對日本不滿，也同樣痛恨安倍的聲明，這確實大大強化這兩國之間日益緊密的關係。韓國逐漸意識在控制朝鮮以及最終開放韓國公司赴中投資與生產方面，中國比美國來得更重要，這也進一步加強彼此的聯結。因此，二〇一六年底從五角大廈傳出消息，美軍計畫要從韓國撤出，基本上確認了中國與韓國新的聯盟關係。

安倍經濟學（ABENOMICS）並不夠

截至二〇一六年中為止，日本首相安倍晉三的經濟政策「安倍經濟學」，顯然無法帶領日本走出二十多年的停滯和通貨緊縮。政府大膽的方案由安倍口中的「三支箭」組成。第一枝箭是積極的量化寬鬆政策，據此日本的銀行實際上創造了大量的貨幣；第二枝箭是政府花更多錢在基礎設施刺激財政；第三枝箭是結構改革，指向開放農業部門面對更大的競爭，增加和提升婦女在社會和經濟中的角色，藉由解除管制刺激新創企業，改革無效的公司結構與作法。這些措施指向在通膨至少提高二％的同時，也能提升國民生產毛額和生產力的成長力道。此一政策的成功取決於經濟增長超過預期的通貨膨脹水平。否則，由於通貨膨脹上升會導致利率上漲，擴大公債的利息支出，如此一來實際上會吃掉整個政府的預算。

一開始，安倍的策略在某種程度上似乎奏效。日圓跌了將近二五％，出口激增，再加上出口相關的就業機會增加且公司獲利。日經指數平均漲幅超過好幾年的低迷。一切看起來建設的榮景彷彿開始進行，日本老百姓瀰漫著一股希望。但隨著時間過去問題開始浮現，為了減少巨大的政府財政赤字而有削減醫療保健與退休體制之虞，消費稅提高，因而造成成長動能消滅的不幸後果。另外，日元貶值引發報復行動。韓國政府經常大規模干預全球貨幣市場，藉此抵消日元走弱對韓國出口的影響。台灣、新加坡、馬來西亞和中國雖然沒那麼誇張，但也採取相同的措施，而美國國會威脅要立法針對貨幣相關的進口激增提供補救措施。歐盟面對一連串的歐元危機，在義大利和法國等失業率達到一五％以上的國家，陸續採取一連串強硬的行動，對抗匯率浮動所引發的進口激增。

更根本的是另外兩個問題。日本政府在公共建設方面的支出，顯然已經無法刺激經濟的增長或帶來高投資回報率。過去幾年，日本已經做了許多類似的建設，除了少數例外之外，基本上只剩下低收益的項目。然而更重要的，結構改革的「第三枝箭」顯然一場糊塗。雖然安倍的計畫比日本過去四十年所提出的任何計畫都大膽，但卻還不夠大膽，或者至少沒有以夠大膽的方式落實。減少企業所得稅、降低企業交叉持股、電力生產和配送系統的合理化、解除許多農業生產的管制、減少農業和其他各式各樣的補貼、增加孩童課後活動以便讓母親做全職工作，還有設法建立用貢獻而非以工時為基礎的薪資標準，這些都是開創性且必要的措施。但事實證明這些都難以或根本不可能實現，我們漸漸看到這些作法並不足以達成振興國家的目標。通貨膨脹確實有所提高，但實質國民生產毛額的成長、家庭收入或生活水平幾乎不見提升。新投資、生產增加與工作機會增加依然低迷。公民面對成本高漲和收入停滯感到不悅。他們開始害怕政府的目標是藉著通貨膨脹來降低國債的成本。由於老百姓的財富有一大部分都投資在國債，所以這將會威脅他們儲蓄與退休金的真正價值。

由於政府恐懼造成退休基金、共同基金以及其他投資者出售手上持有的日本國債以及其他日元計價的資產，所以不願意升息來抑制資金外流，因為國債的利息已經吃掉政府收入的三〇%，更高的利率可能帶來威脅造成政府破產。反之，引入資本管制成為討論的話題。不幸的是，這有可能進一步刺激資本外逃。想不到的事一步步成為現實：日本必須依靠國際貨幣基金組織（IMF）的貸款，並讓自己的經濟真正受到國際貨幣基金的控制。

沒有冒險精神的年輕人

由於日本是一個自然資源、可耕地比較少的國家，現代日本被迫要充分利用其人力資源，才能成為世界最先進的經濟體之一。是以日本一直非常強調教育與人力發展的極大化，也因此日本的學生一直在進行國際教育比較的標準化測驗表現突出。其中最著名的是從二〇〇〇年開始每三年舉辦一次，由各國十五歲學生參加測驗的「國際學生能力評量計劃」（Program for International Student Assessment，或稱 PISA）。二〇一二年，日本在實施ＰＩＳＡ的七十八個國家之中排名第七。這些國家還包括城市或者人口相當稀少的小國，例如上海、新加坡、香港和紐西蘭；因此如果這些地方不算的話，日本排名第三。這遠遠超過其他國家，例如美國排名第十七。而且，美國過去這幾年來排名一直下降，而日本則一直是名列前茅。

但是，二〇一五年，隨著日本近二十五年的經濟停滯，以及日本的指標企業和長期以來屹立不搖的產業消失或大不如前，許多日本人開始懷疑學校傳授與測量的是否正確。簡而言之，教育體系是否準備讓年輕人可以成功地應對他們所面臨的世界？有些驚人的調查和統計數據表明答案可能是「否」。例如在二〇一五年初，國際教育組織（Institute of International Education）發現日本出國留學人數愈來愈少的趨勢還在持續。二〇〇八年在美國求學的日本學生人數（三萬人）只有十年前的六〇%左右。到二〇一五年這數字又下降了五〇%。換句話說，如果一九九八年在美國留學的日本學生有五萬人，現在只有一萬五千人人。這並不是因為有更多的日本學生去了澳洲或中國之類的地方留學；這些國家的報告指出日本交換學生的人數也在下滑。事實上則是因為在一個日益國際化和全球化的時代，日本的年輕一代愈來愈沒有興趣瞭解外頭的世界，而且也沒有好好準備面對這些事情。

大學分析人員為 Benesse 等出版社所做的研究指出，現在日本的年輕人比較沒有冒險精神，也比他們的上一代更不願意承擔風險。隨著社會貧富差距的擴大，年輕人似乎會恐懼年輕時一犯錯就會妨礙升遷，或甚至可能會悲慘地墮落至谷底，雄心壯志就這樣隱藏起來。

再者，如同媒體策略家真理子（Mariko Sanchanta）在二〇一三年寫道，她引用了日本銀行高級主管的話：「即使銀行提供全部的開銷，也不可能說服年輕的銀行高階主管出國留學。他們擔心如果自己出國就會輸給同輩的競爭者。」年輕人似乎也認為日本相當安全，而其他國家則是相當危險。正如高橋三越（Mitsuko Takahashi）在二〇〇七年出版的《不要讓你的女兒出國留學》（*Don't Let Your Daughter Study Abroad*），也煽動了這樣的恐懼情緒。根據二〇一二年完成的一項調查，日本文科省（Ministry of Education, Culture, Sports, Science, and Technology）發現，高達六〇%的日本學生對出國留學毫無興趣。調查中的五二%學生表示，外語能力不足是主要因素。這與第二個原因密切相關，三一%的學生指出不想出國的原因是因為所要生活的地方無法交朋友以及環境安全的問題。因此，儘管他們ＰＩＳＡ的成績很高，但日本這一代學生的教育方式似乎造成他們欠缺面對外在世界的能力，而這正是日本未來所繫。

日本和其他大多數國家的趨勢完全相反，其他國家赴海外學習的留學生人數迅速增長。因此，二〇一一年，日本在美國留學的學生人數減少，但中國留學生的人數增加四〇%以上多達十五萬六千人。同一年美國國際留學生的總人數是七十二萬三千人，比前一年增加五%。日本似乎背道而馳。重要的是，男學生減少的情況比女學生更為明顯，反映出企業對於海外留學的資助大幅下降。所以男性比女性更認為出國留學為職業生涯帶來更大的風險，也許因為女性知道無論如何大企業都不會聘用她們。

索尼合併三星

整個一九九〇年代與二十一世紀前十年，日本企業（Japan, Inc.）的公司傳奇故事已經在亞洲、美國與歐洲的競爭中落居下風。日本排名第二的車廠日產（Nissan）必須找來外籍執行長並且與法國雷諾汽車（Renault）建立密切的合資夥伴關係才能挽救。二〇一二年，曾經不可一世的松下電器創日本所有公司有史以來最大虧損的紀錄。夏普（Sharp）和東芝（Toshiba）也創了有史以來最大的虧損；雖然日立（Hitachi）想辦法要重新振作，但唯一施行的就是大幅裁員。原先半導體的支柱爾必達和瑞薩（Elpida and Renesas）幾乎破產，必須靠它們美國的競爭對手和日本政府來救援。

最重要的一件事，不論是象徵意義還是實質意義，日本的傳奇索尼公司與韓國三星電子在二〇一六年底合併。這對日本民眾是一大震撼。索尼多年來一直代表日本工業和技術的先驅。雖然許多保守派的日本公司是靠著在相對受保護的日本市場中成長，並且建立起主導地位，進而擴張至海外設立分公司，但索尼從一開始就是一家全球公司。執行長兼董事長盛田昭夫（Akio Morita）講著一口流利的英語，並且是一名傑出的國際政治家執行長。雖然索尼一直不算日本的核心圈，但卻一直都處在全球的核心。索尼就像全盛時期的蘋果公司，成為大膽創新、流行與品質的代名詞。

不過，到二〇一三年，索尼的外表與行動就像是過去失敗的美國公司，比如說柯達（Kodak）和摩托羅拉（Motorola）。索尼將總部大樓出售，開始投資新的領域，例如醫療技術。索尼在傳統的數位電子、遊戲、錄影帶和手機方面的業務虧損連連，同時在金融服務和音樂方面獲利。傳統上，人們看待索尼就像是在看蘋果公司，自豪於公司能定期推出轟動一時顛覆新產業的新商品，但索尼這十八年來一直沒有像樣的作品，而且似乎朝向愈來愈不全球化、愈來愈狹隘並且愈來愈無法創新的路。

相隔數百哩位於日本海峽對岸的韓國情況正好相反。無論是智慧型手機、電視、零組件或是平板顯示器，索尼已經無法與極具侵略性的韓國巨頭競爭。索尼不打算和與三星繼續搏鬥，而是決定加入三星。二〇一六年九月索尼公司宣布由三星接手，此後將稱為三星索尼（Samsung-Sony）或簡稱 S&S。

行動中的惰性

從一八六八年明治維新日本首度向西方開啟大門以來，日本的政治制度已經演化成類似法國的制度。不論是日本還是法國，都是由一個強大的中央官僚機構來壟斷各縣於管轄地的稅收、支出和監管的權力。事實上，東京集中化的程度，除了中央政府和政黨外，幾乎所有重要的商業、勞工、學術和媒體機構都將總部設在東京。

隨著日本的經濟逐漸崩潰、能源供應消失，還有安全愈來愈捉摸不定，在小城市的生活也愈來愈艱難、愈來愈無法忍受。例如，大阪市更改站牌的位置可能需要取得好幾家東京機構的許可。父母要花上半天時間才能讓孩子使用數量有限且經由政府批准的兒童保育設施。小學、初中和高中年紀比較大的小孩並沒有準備好要面對現代世界，因為中央管控的課程已經落伍。最重要的是，脆弱地區對核能意外的恐懼引起基層的政治反彈，並且快速演變成大規模的反中央政府運動。

顯然日本需要一個基礎的振興方案。但它面對如此根深蒂固的惰性有辦法發展出這樣的方案嗎？沒有人真的知道此問題的答案，但歷史顯示這有可能。過去一個半世紀日本有兩次重建：一次是一八六〇年代的明治維新，當時日本在培理（Commodore Matthew Perry）准將和黑船的武力脅迫下開放；第二次是在二次大戰後美國佔領日本時。

日本現在所面臨的危機，幾乎和明治維新與二次大戰後異曲同工。因此，任何復興的方案都必須像兩位先驅者一樣，如果不是更顛覆至少也要同樣顛覆。顯然，半調子的措施和拖延只會惡化上述問題。有鑒於此，二〇一六年大選之後，日本國會立法設立新的岩倉使節團（Iwakura Mission），這是明治維新時期的任務小組，派到國外去尋找改造日本的辦法。這個機構稱為「特殊民族復興委員會」（Extraordinary National

Revitalization Commission），指派日本社會各界——政治、商業、學術、地區、媒體、社會、農業——的人士，甚至是熟悉日本的外國人擔任代表。他們的任務和岩倉使節團一樣，都是發展振興國家的計畫。

第三章

太平洋治世（Pax Pacifica）

你對降落的東京羽田機場留下深刻的印象，搭乘接駁車進入市區時，沿著機場與東京灣興建的提防也讓你瞠目結舌。現在是二〇五〇年，大家已經不再懷疑全球暖化的真實性。這也被視為是許多國家的一大安全威脅，而日本也不例外。海平面上升淹沒了馬爾地夫（Maldives）和塞席爾群島（Seychelles），因此需要大量疏散群眾。除了東京和大阪，其他沿海大城市，例如孟買（Mumbai）、鹿特丹（Rotterdam）和紐約（New York）都努力要讓自己維持在海水面以上。

今天，當你走過帝國酒店（Imperial Hotel）的大廳要到餐廳吃早餐，有人要求你先停下來讓印度國防部長與隨扈通過。他們正要去參加美國國防部長和日本、澳洲、印尼與菲律賓等國國防部長半年一次的太平洋和印度洋安保聯盟（PacInd Mutual Security Alliance）大會。這場會議已經取代原先美國單方面提供的安全保障網，成為穩定亞太地區的主要支柱。當你坐在早餐桌前，你發現房間另一邊的桌上插著中國與日本國旗，保留給「尖閣釣魚台聯合政府委員會高級委員」（the High Commissioners of the Senkaku-Diaoyu Islands Joint Government Commission），日本與中國政府透過這個組織共同管理之前有主權爭議的群島。

這和三十七年前的情況大相徑庭，當時中國與美日聯盟之間受到嚴重的戰爭威脅。之後，日本佔領並管理這一批主權模糊的島嶼——真的只是一些勉強突出水面的石頭而已——日本稱為尖閣諸島，而中國稱為釣魚台，位於台灣附近琉球島鏈的尾端。日益強大的中國宣稱擁有這些島嶼的合法主權，而日本是非法佔有並預備在島上殖民。北京開始派遣漁船與海軍軍艦進入東京所宣稱的日本領海，同時也宣布新的防空識別區（Air Defense Identification Zone，ADIZ），正好包含這些島嶼。日本援引「美日安保條約」說這條島鏈落在美國的安全保護傘之下，華盛頓也勉強同意。此時情勢已經劍拔弩張。

由於問題的迫切性與全球重要性，這是「特別民族復興委員會」面臨的首要問題之一。委員會的回應為後續的發展定調。請注意，這些有爭議的島嶼是一八九五年中國在中日甲午戰爭中落敗後才成為日本領土，一九四五年至一九七二年之間由美國託管，委員會要求通過世界法庭（World Court）進行仲裁來解決，並且讓中國的能源公司擁有日本公司或其他國際公司相同的權利，進行探勘並生產石油與天然氣。

事實上，二〇五〇年尖閣諸島在中日共同管理下仍然無人居住也尚未發展。兩邊的政府盡量不落實有重疊的防空識別區，因此多年來一直相安無事。大家已經證明小島上沒有重要的天然氣與石油儲藏。但無論如何，整個能源議題對日本來說已經無關緊要，因為日本已經靠著發展甲烷化合物、頁岩、乾淨的核能和可再生能源，搖身一變成為能源獨立國家。除此之外，3D列印、普遍使用節省勞動力的機器人還有對噴射與燃料收取高碳稅，實際上已經終結全球供應鏈的時代，因此也不再需要貿易國家來保護供應鏈。

除了全球暖化加速和不斷上漲的水位之外，現在全球主要安全威脅包括：大量西非疾病傳染地區的移民湧入歐洲帶來衝突、中東遜尼與什葉派（Shia-Sunni）內戰、抗藥性的病毒、高智慧且極為有錢的國際犯罪集團、巴西、印尼和非洲等世界叢林遭到摧毀，以及網絡破壞。

中國的衰落

中國在全球事務裡的重要性似乎不如三十五年前。雖然情況並不明顯，但中國經濟增長的黃金歲月已經在二〇一五年劃下句點。中國的勞動力在二〇一二到一三年之間開始萎縮，而整體人口在二〇一五年開始迅速老化，很快就成為世界上最老的國家之一。問題在於中國是否能在人口老化前成為富裕的國家？事實證明，答案為否。當人口老化愈來愈明顯，中國體制的缺陷也就開始暴露出來，中國已經非常懸殊的貧富差距仍繼續擴大。過去因污染、環境退化和腐敗所欠下的債已經開始要償還。這幾個問題過去絲毫不影響中國國內生產毛額的高成長，但現在的後果是顯而易見：腐敗行為抑制成長、污染和環境問題導致不健康與過早死亡。特別是腐敗已經成為大問題。政府官員和共產黨黨員在領正常工資的情況下一夕之間暴富，已經成為調查、公眾抗議和騷擾的對象。這些人急於把自己和他們的身家運出中國，並掩蓋他們已經藏匿在國外的資金。比這更重要的一件事，中國漸漸無法同時負擔醫療和老年照護以及打造和維持大型軍隊的軍費支出。因此和之前的美國一樣，中國開始縮減安全部隊，這也促使中國和日本以及其他領先國家有更多合作。

然而，最重要的是中國內部的政治緊張局勢逐漸升溫，國家團結的鬆動。大型行政區，如廣東省，要求更多的自主權，以及重要的政治、商業、學術和媒體人物則是渴望更多政治參與、要求更加透明和開放。當日本振興委員會領導國家邁向重建時，中國已經陷入了自己的內部困境。

現在，二十一世紀中葉，印度的重要性遠超過中國。如經濟與商業研究中心（Centre

for Economics and Business Research）很早就展開的預測，印度近來已經超越中國成為世界上最大的經濟體。印度在二〇二五年成為世界人口最多的國家，現在是大國之中勞動力最年輕的國家。它還擁有一支龐大、訓練有素、經驗豐富的軍隊，擁有自己的核武和發射系統，以及大型現代化的海軍、空軍、網路與無人機的實力。這些實力成功地迫使中國依據「喜馬拉雅條約」（Treaty of the Himalayas）在二〇二五年之前就不再主張自己擁有印度領土的主權。這款條約於二〇二二年把印度納入美日互保條約，並擴大到澳洲、印尼、菲律賓，讓原本的美日雙邊協定搖身一變成為「大結盟」（Grand Alliance）。這份條約也包括締約國和許多國家，例如新加坡和越南的合作基礎、培訓和互訪。「大結盟」對於世界和平的重要性大於北大西洋公約組織（NATO），再加上中國的國內問題讓它焦頭爛額，現在由大結盟確保整個亞太國家、印度洋和波斯灣地區的和平與穩定。重要的是，這個多邊安全體系不是美國而是由日本所發起，是日本、澳大利亞、菲律賓和印度為了確保各自地區的安全所採取的首要因應工作。當然，如果有絕對的必要，總是可以獲得美軍的協助，但它們是最後求助的對象而不是第一道防線。

實際上，美國佔領日本與冷戰時間發展出來的互保體系已經完全顛倒。美利堅治世（Pax Americana）變成印度洋與太平洋治世（Pax Indo-Pacifica）。

美利堅治世的衰落

美利堅治世在太平洋的終結確實早在一九六九年七月就見到徵兆，當時的美國總統尼克森（Richard Nixon）宣布尼克森主義（Nixon Doctrine），聲明美國將提供核保護傘給受到核武攻擊威脅的盟國，也會提供適當的安全協助給受到非核武攻擊威脅的盟友。但強調美國期望各國受到威脅時可以先承擔起保衛自己的首要責任。當時越戰正打得不可開交，這是一道早期的訊號，讓亞洲國家清楚如果他們無法為自己而戰，也別指望依靠美國來為自己打仗。

隨後，冷戰結束，美國失去軍事協防和軍事部署的大部分理由。世人都期待「和平紅利」（peace dividend），隨著華盛頓大幅度削減國防支出，協防歐洲的美軍大部分都已經遣返回國。一九九〇年和一九九二年的「美國國防戰略報告」（The US Defense Strategy Reports）也呼籲，十年內將大部分的美軍撤出亞太地區。與此同時，日本的領導人開始談論減少對美國協防的需求，並增加對聯合國和經濟合作的依賴。日本似乎開始扛起自己的外交政策，並且承擔起自身國防的重責大任。

但是，美國國防部一九九五年推出新版的「東亞太平洋地區安全戰略」（Security Strategy for the East Asia-Pacific Region）後一切都改變。這份文件推翻先前的主張，指出雖然冷戰已經結束，但各種衝突對美國的利益造成威脅，因此美國必須在可預見的未來保持該地區現有的部隊人數（約十萬人）。接著在一九九六年四月，美日聯合聲明（US-Japan Joint Declaration）重申，「二十一世紀的聯盟」（Alliance for the 21st Century）基本上確認美國對美日安保條約的單邊承諾，這也為日本擴大支持美國相關的軍事行動提供基礎。因此，冷戰的結束對美國與日本來說並沒有任何改變。

之所以有如此大的逆轉，在於背後三項始料未及的發展：一九九〇至一九九一年間的波灣戰爭、朝鮮的核武和導彈發展以及中國軍費支出的迅速高漲。這幾項發展都產生不確定性，使得東京和華盛頓決定推延雙方在安全協議上的重大改變。但如此現狀給美國帶來了幾項問題。美國逐漸失去自己在經濟上所向披靡的競爭力，這在冷戰期間支撐起美國的政治和軍事優勢。中國成為一個可怕的區域對手。中國擁有快速成長的經濟，威權政府的政策也無須公民批准，所以可以輕易承受軍備競賽的負擔。華盛頓的經濟相對衰退，因此會發現自己要從事這樣的競賽愈來愈困難。（華盛頓在二〇一二年已經不可能像一九九六年，為了回應中國對台灣的威脅而派遣航空母艦軍隊進入台灣海峽。）另外，美國帶著日本與其他亞洲盟國的重大國防負擔，也讓日本延後為自己的安全做更多長期來看必要的措施。美日的協定讓東京不用認真思考自己的處境。例如，它忽視要和韓國與中國解決一些小島上的爭端，否認二次大戰中的事實而與鄰國敵對。最後，這些理解假定美國與亞洲盟國之間的利益天衣無縫且連續一貫。如此一來，有可能讓美國受到其他盟國的政策與行動挾持，那不見得符合美國的最佳利益。

清醒時分

二〇一二年十二月，日本首相安倍晉三的執政開始，也代表美利堅治世邁向句點。安倍深知美國不可能永遠維持霸權的角色，而且雙邊的協議已經成為一道潛在的長期陷阱：隨著美國的國力減弱，日本愈來愈無法保衛自己，除非現在採取措施確保自己的未來。安倍上任初期就說：「脫離戰後秩序」。

安倍在二〇一三年五月訪問印度，誓言日本與印度在國防進一步合作，並同意更頻繁地實施聯合軍事演習。同年七月，安倍訪問菲律賓，並提供十艘巡邏艇幫助菲律賓海岸警衛隊，幫助馬尼拉捍衛一些與中國有主權爭議的南海島嶼。安倍說：「對於日本而言，菲律賓是我們共同的戰略伙伴，我們擁有共同的基本價值和許多戰略利益。為了進一步加強這種關係……我們絕對會繼續幫助菲律賓海岸警衛隊建立此能力。」

這些訪問與聲明來自美日聯盟的一些新進安全伙伴，也讓一些人感到驚訝。但安倍似乎明白，美國在該區域的權力是否持續，只能仰賴一個更強大、更獨立的日本。許多人懷疑安倍夢想著振興日本戰前的民族主義。但是，正如日本外交部大使東鄉和彥（Kazuhiko Togo）在二〇一四年九月的「尼爾森報告」（Nelson Report）所指出，當美日兩國的利益出現分歧，美國總統不可能永遠向美國百姓證明美國單邊保衛日本的正當性。諷刺的是，安倍這名民族主義者試著把美國留在太平洋，做為他努力把中國排除在外或至少保持距離的一部分。

從三項議題特別能看出美利堅治世未來的前景：韓國與日本的糾紛、中國與日本在尖閣諸島的衝突、以及美國在兩種策略間作出可能的選擇：一是「海空一體戰」（Air-Sea Battle）對東海與南海到中國海岸的完全控制策略，二是立基於第二島鏈而非第一島鏈衝突較少的「近海控制」（Offshore Control）策略。

韓國與日本不願對談

韓國和日本一樣都與美國簽署互保條約，美國承諾實行單邊防務。韓國作為美國的盟國，也就成為日本間接的盟友，並且關切許多相同的安全問題。儘管如此，兩國甚至未彼此分享一般的國家安全情報。所有的交流都是以美國為中介進行。最後，日韓在二〇一三年六月似乎達成一個情報分享的協議。不過，到了最後一刻，由於韓國國會強烈反日，協議也就束之高閣。

挑起韓國議會反彈的原因是東京發表了一份民調，民調顯示有三分之二的日本人認為後來由韓國管轄且擁有主權的竹島（Takeshima）理應是日本的領土。韓國政治人物將這份民調的公布視為無理的挑釁，也就否決了交換情報的協議。

為了解釋情況有多麼詭異，有分析家指出，日本的自衛隊將全力捍衛竹島為日本的領土，而韓國總統強調，自己的國家將誓死捍衛這些島嶼，尤其是對抗日本。美國作為兩國最重要的盟友，受到條約所限必須互相保衛。這是否意味著美國海軍要和韓國並肩作戰對抗日本，而美國陸軍則是和日本一起對抗韓國呢？顯然，這是一個開玩笑的問題，卻隱含重要的意義。如果韓國和日本不在意自身和區域的安全，不能為了分享國家安全情報而解決這些微不足道且無關緊要的島嶼問題，或許美國也應該從不同的角度思考如何履行安全條約的承諾。

尖閣諸島（SENKAKU ISLANDS）

美利堅治世的未來所面對的第二個議題：中國於二〇一三年十一月二十三日片面

且未經宣布就建立涵蓋東海且和日本重疊的防空識別區，而其中包括尖閣諸島。北京要求任何飛機只要通過這一塊區域，就必須向中國政府提交飛行計劃，並在進入此區時通知他們。

日本與中國之間對尖閣諸島的主權爭端並非新鮮事。二次世界大戰之後，這些島嶼一直受盟軍的管轄，隨後又與沖繩一併移交給日本，於一九七二年重新回到日本政府之手。根據前日本外交官橋本（Hiroshi Hashimoto）的說法，一九七二年恢復日中外交關係的會談中，中國外交部長周恩來和日本首相田中彥（Kakuei Tanaka）同意將這些島嶼的最終主權問題留給後代來解決。因此，兩邊相安無事一直到二〇一二年九月為止，因日本政府向私人購買其中的三個小島。諷刺地是，日本政府買下島嶼的原因是要防止任何人在島上進行經濟開發而激怒中國。儘管東京的目的並非要冒犯中國，但北京仍舊遭到激怒，宣稱日本政府購買島嶼的行為違背周恩來與田中之間的協議，中國並且派遣漁船、巡邏艇和偵察機進入島嶼周圍的水域和領空表達不滿。有一次，中國海軍甚至把射擊雷達鎖定日本自衛隊的飛機。這一切似乎都是在挑戰日本管理這些島嶼的權力，以及逼使日本同意談判島嶼的最終命運。

日本對談判根本毫無興趣，因為這反而會承認中國主權宣稱的有效性。日本政府認為，日本擁有尖閣群島的事實比中國擁有台灣更不具爭議性。

不過，從這點來看，美國思考的是一個關鍵的問題。根據協議，一旦日本領土遭到攻擊，美國有義務派兵協防。但是尖閣諸島是否算日本領土呢？一方面，華盛頓承認日本正在管理這些島嶼，並在二〇一三年發佈書面新聞稿表示，美國將對抗任何企圖以武力改變尖閣諸島現況的任何行為。另一方面，美國也三番兩次回應媒體的提問，表示美國政府對於哪個國家的歷史主張最有效保持中立。所以美國不會毫無保留地支持日本的立場，這也暗示東京面臨的危險。

北京實施的防空識別區試探著華盛頓與東京之間可能的間隙。美國立即的反應是宣布不承認中國的識防區。為了證明自己的立場，美國在未事先通知中國或提出飛行計畫的情況下，立即派遣兩架 B-52 轟炸機飛越這一區。雖然此舉是為了支持日本，但華盛頓也命令美國所有的航空公司依照中國的要求來做。當日本告訴本國的航空公司無須理會中國的要求，美國的作法又顯得不支持日本。二〇一三年十二月初，美國副總統拜登（Joe Biden）先後訪問日本與中國。他的任務是向日本確認美國堅決保衛的承諾，但也沒有提出任何會進一步破壞美中關係的發言。他在北京呼籲中國國家主席習近平被動地實行防空識別區，但並未建議中國撤回此區。對於近身的觀察者來說，訊息似乎非常清楚。華盛頓並不願意為了捍衛日本對尖閣諸島的主權而冒犯中國。二〇一三年五月讓日本更憂心，因為當時一些中國將領主張日本對沖繩和其他琉球群島也沒有主權。

二〇一二年，美國總統歐巴馬提出「轉向亞洲」（Pivot to Asia）的口號，代表著美國外交政策優先順序的重大轉變。這樣做的目的是要把軍事資源轉移到亞洲，並且在此協商出一個貿易網絡及投資協議，維持美國的霸權。然而，到了二〇一四年春天，所謂的「轉向」看起來有點像紙老虎的爪子。外界並不清楚美國會採取任何行動來捍衛日本的利益。此外，隨著中國愈來愈強，華盛頓似乎不願意和中國正面衝突的心態愈來愈明顯。日本的體悟讓它認清事實，並迫使東京反省其最終防衛只依靠美國的長期戰略。

日本並非唯一有此擔憂的國家。對台灣人來說，面對中國的崛起，美國在這段時間顯然持續撤出自己的軍隊。韓國也愈來愈多人表達類似的看法，當地的反日情緒似乎超過對中國的顧慮。確實，中國和韓國的經濟日益整合，同樣希望可以避免朝鮮政權崩潰，而這似乎正促成中國和韓國產生新的結盟關係。

二〇一四年四月，歐巴馬總統訪問日本和韓國，試圖反駁各界對美國在亞洲維持權力的懷疑。在東京記者會上，歐巴馬具體指出尖閣諸島屬於美國防衛傘之下。雖然總統的宣稱立刻打消一切質疑，但並未真正解決質疑底下的根本問題：美國和日本（和其他亞洲條約盟國）的利益愈來愈分歧。這種情況是美國維護盟國的條約責任往往與美國的根本利益抵觸。這是日本首相安倍和亞太地區每一個人所關心的問題，並且點出每個人是否需要發展新戰略的問題。當然，這是美國正在做的事。

「空海一體戰」與「近海控制」

二〇一四年底，促使美利堅治世衰退的第三個力量變得愈來愈強大。美國政府對於美國在東亞和太平洋地區的利益，以及如何應對中國崛起，顯然愈來愈混亂，正如一位亞洲國家的外交部長所說，這就像「太陽系出現了一個新的太陽，周遭的行星都在調整各自的軌道。」

美國眼前的現實問題在於其特殊的霸權型態成本很高。儘管霸權通常是向委託人收錢以支付維持穩定的開銷，但美國實際上是付錢取得提供安全的「特權」。美國的作法是直接用自己的武力保護盟友，並間接地透過龐大的貿易赤字來維持特權。因為美國向主要盟友買多於賣，而且許多時候還默許將技術移轉當成進入市場的條件，因此實際上是把美國的工作轉到其他亞洲盟國。這些成本一直因為美元是世界主要儲備與交易貨幣，以及允許美國用美元支付國際債務而遭到忽視。因此，舉例來說，為了購買石油（全球都以美元計價），日本要先生產並銷售貨品賺取所需的美金，而美國要做的就是印更多美鈔。只要全世界接受美元作為支付工具，並且願意以美金借錢給美國，美國就可以永遠維持霸權。但此時，世界其他國家開始對上述安排感到遲疑。中國打算推動人民幣作為主要的交易貨幣，最終目標是成為儲備貨幣，而歐元某種程度上已經取代美元。如果美元地位進一步弱化，美國維持軍隊規模跟世界其他國家總和相當的能力，也就會變成不可能的負擔。

白宮與國會之間針對預算赤字已經有了協議，目標是削減政府的支出，迫使美國減少軍力，並提出維持霸權是否值得的進一步問題。這也在兩派的擁護者之間掀起一場大辯論，一邊是傳統的積極宰制（forward dominance）學派，也就是現在所說的「空海一體戰」（ASB），另一邊競爭的則是「近海控制」（OSC）派。

爭議背後的問題是中國是否對美國的重大利益構成威脅？提倡美利堅治世的正統派說「是」。他們主張美國在亞洲有龐大的貿易與海外投資，當地的興衰有賴於中東的石油和長途供應鏈穩定的供應路線，美國條約的義務迫使它必須維持身為區域安全執行者的信譽。這一派認為中國是一大潛在威脅——不是一種確定的威脅，但是在各種情境下是一個有影響力的威脅。尤其，這一派指出中國從一九九六年美國航空母艦進入台灣海峽以來，已經採取了「區域阻絕／反介入」（anti-access/area-denial，A2/AD）的策略。在此策略下，中國部署大量的岸上反艦和反飛彈導彈，目的在於抵抗美國的區域威信，甚至要美國遠離中國到所謂的第二島鏈。（第二島鏈由小笠原群島〔Bonin〕、馬里亞納群島〔Marianas〕和關島組成，而第一島鏈是由沖繩、琉球群島、菲律賓、馬來西亞、新加坡和印度尼西亞所組成，參見地圖）。傳統派主張，如果中國有效地把美軍勢力從第一島鏈推到第二島鏈，那會讓美國各種安全保證無效，美國霸權也會邁向終結。

為了避免這種情況發生，傳統派認為美國必須完全宰制中國附近的領空和領海，如有必要有辦法從中國內部進行致命一擊。因此，傳統派發展出「空海一體戰」的想法。這基本上是一種進攻策略，包括使用網絡技術與智慧型武器與彈藥，把空軍和海軍部隊整合在一個網絡環境中，讓當地的指揮官以及遠在華盛頓的決策者都可以隨時隨地的監視。這樣做目的是藉著滲透防衛系統並消除其指揮和通訊系統，摧毀敵軍在海外與國內的基地。這也包括最高科技與昂貴的作戰方式，美國從二〇〇九年左右納入成為部分國家安全的指導原則，當時尚未看到二〇〇八至二〇一〇年大蕭條的全部影響，也還不了解美國長期經濟前景的完整意涵。

然而，二〇一四年開始考慮採取非正統的「近海控制」概念。這一派的支持者從質疑傳統派的前提下手。他們質問中國對美國與日本的真正威脅到底為何？除了最終以類似香港的一國兩制收復台灣，以及有可能取得尖閣諸島與南海的某些小島之外，北京在二〇一四年對於擴張領土並未展現太大興趣。它不再真的信奉共產主義，而且

第一島鏈與第二島鏈示意圖

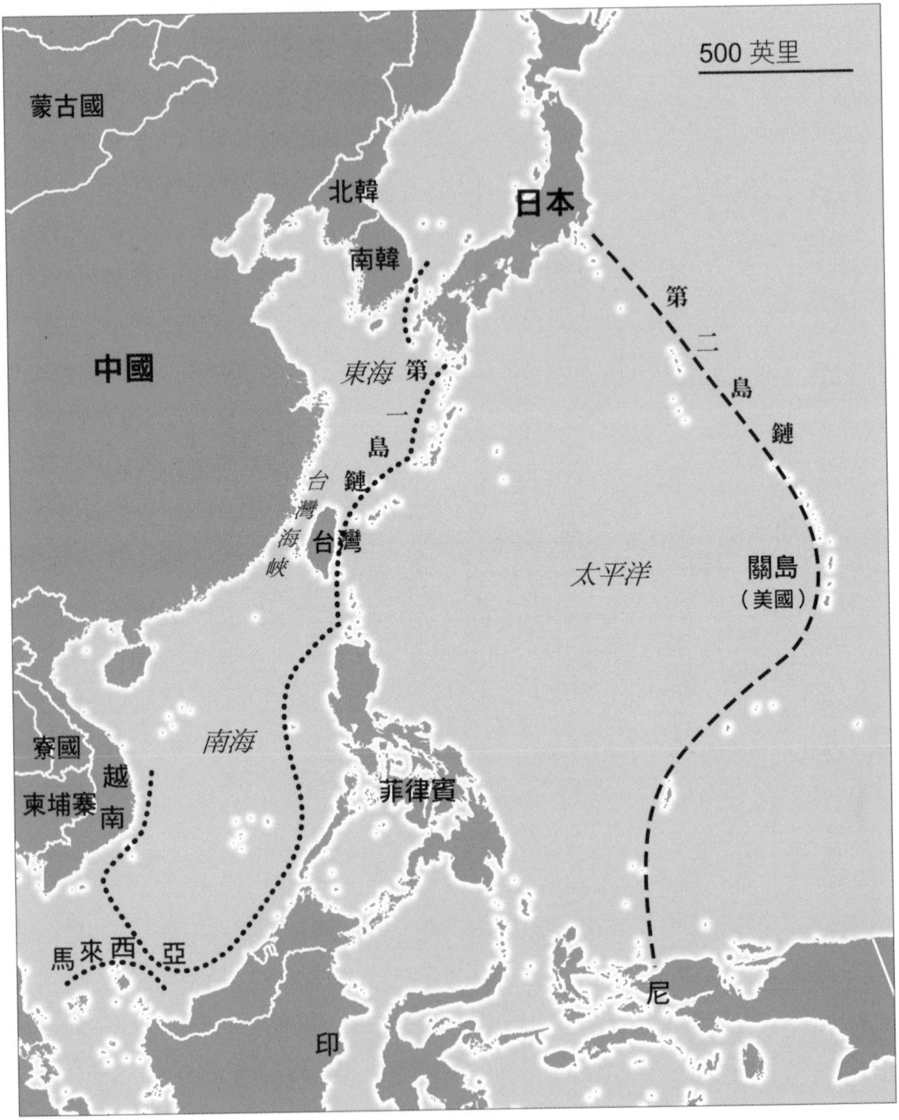

肯定也不會費盡心思要在亞洲各地散播共產主義信條。雖然通過麻六甲海峽和南海到日本和韓國的運油航線可能會因中國的干預而受到影響，但這對美國來說並不是問題，因為美國的石油根本不會經過太平洋。傳統派對美國在這一區的貿易與投資表示關切。但非正統派想問的是貿易與投資是否真的受到威脅？中國會切斷對美國或日本與韓國的出口來破壞自己的經濟成長嗎？非正統派說一旦認真看待此事，並未看見中國對美國甚至是對美國的亞洲盟友有太大的威脅。此外，就算中國有可能對這些盟國構成威脅，但大部分盟國是富裕、有實力的國家，因此除非是最極端的威脅，盟國完全有能力自行處理。

由於中國並沒有侵略性，非正統派指出「空海一體戰」的做法本身會帶來威脅，並且因誇大根本不存在的中國威脅而成為自我實現的預言。他們呼籲用「近海控制」取代「空海一體戰」。這個想法是採取無威脅性的策略，放棄追求第一島鏈之內的絕對主宰。「近海控制」面對危機時並不直接攻擊中國，也不會設法在火力上超越大規模反艦導彈陣列，而是在透過潛艇、無人機和隱形飛機等工具在第一島鏈之內維持競爭力，主要是切斷貨物進出的關鍵海峽，從第二島鏈進行封鎖。非主流派說這樣做可以大幅減少費用、大大降低中國覺得這是威脅的可能，並且大大降低美國在沒有特殊利益的情況下被迫捲入亞洲內部爭端的可能性。

「近海控制」基本上是恢復尼克森的關島原則，現在中國的實力遠遠勝過一九七二年，但是中國也不再窮兵黷武。非主流派提出的觀點是美國第七艦隊與空軍一直在中國邊界附近的水域和空域巡視，故意觸動中國的電子預警機制，並且讓美軍的核子潛艇埋伏在中國附近的海域，但中國對此都毫無回應。比方說，中國並未在夏威夷的茂宜島（Maui）附近巡邏，也未讓帶有核武裝備的潛艇靠近加州的金門大橋，或是從西雅圖飛到聖地亞哥在美國領土邊界外圍進行空中巡邏。非主流派問道：如果中國和美國一樣部署與使用武力原則的話，美國人如何反應呢？大家都會同意，美國不會是敞開手臂歡迎。所以，為什麼中國要有不同的反應呢？這個問題確實充分論證舊的尼克森原則在新的「近海控制」口號需要重構。

重新結盟與重新平衡

雖然「空海一體戰」在二〇一五年仍然是美國官方的原則，而且華盛頓增加了美軍在西太平洋戰區的艦隊和武器系統的數量，但在接下來幾年之中，四項重大發展完全改變了這場競賽。一個是美國人生活水平的愈來愈差。財富前百分之一的人愈來愈有錢，其他人的相對工資、養老金和醫療保險都下降了；與此同時，美國老舊的基礎設施持續崩壞。所以，當國家的安全支出已經超過總支出的一半，政治上已經不再可能支持維持這樣的支出。愈來愈多美國人問，為什麼他們要付錢維持如此強大的軍力，卻不是在國內興建學校和醫院呢？政治領袖回應的方式是開始大幅度刪減國防預算與軍隊的規模。因此，監督美國在非洲與拉丁美洲一切國家安全活動的非洲與南方司令部（Africa and Southern Commands）遭到裁撤，國防支出從國內生產毛額的四．七％削減為二．五％，讓自己貼近盟友的支出，他們大多數國家的國防預算是國內生產毛額的一％至二％。當然，這大大降低了美國國家安全機構的能力與野心。其中一個結果就是決定採用近海控制戰略，並開始將美國的大部分部隊和軍艦部署從韓國和日本撤往關島、夏威夷和聖地亞哥。

第二件大事是中國在南海的一大片區域建立新的防空識別區，並逐漸干涉日本進入防空識別區的所有民航機。有時，中國政府會拒絕日本提出的飛行計劃，因而造成飛機延誤。有時，中國戰機會爭奪航線，命令戰機靠近民航班機飛行，嚇嚇機上的乘客。同時，中國人繼續騷擾尖閣群島；中國海岸警衛隊以尋找失蹤漁民為名，佔領其中兩個小島數日。這項舉動再度引發美國是否應該保衛尖閣諸島的問題。當然，華盛頓重申一旦有人入侵和佔領日本領土時將誓死履行條約義務提供防衛。但「入侵」是什麼意思，「日本領土」是什麼意思？還有「防衛」又是什麼意思？中國海軍表示自己的行動是要拯救受困的漁民，並安裝警告信號以防止未來的意外事故。華盛頓認為這是「入侵」嗎？最後，雖然大多數人認為「防衛」表示武裝干涉阻止侵略，但華盛頓大部分的人似乎認為「防衛」也可以是派遣使節到北京請求撤退。不論如何，華盛頓都讓東京了解到美國不可能為了尖閣諸島而賭上與中國一戰的風險，東京只能自己與中國開戰，也可以尋求與中國達成談判或仲裁協議。最後，中國真的撤退了，但整件事充分顯示亞洲權力平衡已經轉移，美利堅治世正在衰退。

第三個大轉變發生在韓國、中國與朝鮮之間。實際上，一切在二〇一三年中國強行把尖閣諸島列入防空識別區強就顯現端倪。起初，中國的防空識別區還包括蘇岩礁（Socotra），但韓國聲稱這塊已經快被水淹沒的礁石主權屬於韓國，並用於研究站和直升機的停機坪。雖然中國並未警告日本要注意模糊的防空識別區，但中國卻拼命向韓國提出警告。韓國一開始的反應是告訴本國的航空公司忽略此事，無須遵守中國的命令，並同時畫出一塊與中國防空識別區重疊的新區域。韓國還宣佈要在蘇岩礁地區進行新的海軍演習，只是為了強調自己的管轄權。當時中國表示可以和韓國平心靜氣地磋商來解決兩國的問題。最終，兩國確實同意重新劃定區域避免重疊。這顯然和中國與日本所採取的途徑不同。

事實上，韓國與美日兩國的利益分歧已經有一段時間。韓國雖然正式與美國結盟，但因為二次世界大戰之故韓國對日本一直懷有恨意。韓國得到中國的優惠待遇，大量的跨國投資與兩邊的供應鏈造成韓國與中國的經濟高度整合。韓國是中國高科技的主要來源，也是零組件的主要供應者，而中國是韓國最大的單一市場。但隨著中國薪資快速飛漲，韓國大企業集團「財閥」（chaebol）需要新的廉價勞力來源，以便在全球市場中攻城掠地。朝鮮新領導人金正恩的崛起，讓中國與韓國都有一個機會。兩國都不喜歡朝鮮政權，也都害怕朝鮮可能會做出一些真正危險的事。另一方面，他們也不希望朝鮮崩潰，不想佔領這個國家並負起重建之責。

中國國家主席習近平率先推動三邊協議，中韓兩國都希望可以透過協議解決問題。中國向金正恩表明會確保他的安全，並購買朝鮮出口的商品。但前提是金正恩必須在個人權力受威脅下封存朝鮮的核武。韓國則是會以類似共同市場的方式開放國內市場，並承諾讓韓國的公司投資朝鮮，並把製造業，例如汽車和智慧型手機的生產移到朝鮮。如此一來，韓國整體經濟所包含的人數就會和日本幾乎一樣多，而且先進的技術和較低的平均工資會讓韓國更有競爭力。當然，這個結盟將大大削弱「美韓共同防禦條約」存在的理由。

第四個也是最後一件大事是沖繩二〇一七年投票從日本獨立。雖然這對東京是一大震撼，但行動其實已經醞釀了很長一段時間。沖繩是琉球群島最大島，也是古琉球王國與文明的中心，直到一八七九年都還不是日本的領土，二次世界大戰結束之後，沖繩也未還給日本，而是由美國佔領直到一九七二年為止。沖繩在日本人眼中一直不算是主要島嶼，「本島人」（mainlanders）往往把沖繩視為次等人，這個觀點因為沖繩是日本最貧窮的縣並且明顯依賴東京的補助而進一步強化。沖繩不高興的主要原因是美軍在日本的基地一直設在沖繩，美軍的行動、噪音和部隊行為對沖繩是一大干擾。東京提出的承諾，地方政府、美國將領與日本政治領袖之間長期協商，似乎從來沒有促成任何行動。

長期以來，沖繩人忍受著一切，因為他們需要美軍帶來的收入以及東京的補助。但隨著中國經濟的發展，沖繩已成為中國遊客和中國投資不動產與休閒產業的主要地區。沖繩相信可以靠自己好好發展經濟，對於美國撤出美軍基地的一連串承諾接連失信覺得失望，而且也悄悄受到北京表示中國願意付費偶爾使用那裡的軍事基地所鼓舞，長期隱而未顯的沖繩獨立運動控制立法機關，並推動獨立公投。東京的立即反應是考慮派遣自衛隊，但華盛頓與北京的警告讓日本政府打消此想法。最後，雙方達成的真正協議是遷走美軍基地並且讓沖繩有更多的自主權，而立法部分撤回獨立公投。但是，整件事清楚預示事情未來可能的走向。

美國往哪走？日本往哪走？

這些事件以及美國國會平衡預算的協議大幅削減了軍事支出，華盛頓決定改變「空海一體戰」的原則，轉而全面採用「近海控制」。這就表示在二〇二二年之前，美軍的基地將撤離韓國與沖繩，並且撤出日本主要的島嶼。第七艦隊的大本營將從東京附近的橫須賀市（Yokosuka）搬到關島，美國的艦隊也會定時到菲律賓、越南和新加坡訪問和維修，所以有些戰艦可以一直留在當地。

日本剛開始對此的回應是恐懼、憤怒並覺得遭到美國遺棄。許多人都說日本要發展核武。但是，振興委員在最初的民族主義反應以及大多數日本人所偏好的持續謀求和平（pacifism）之間打造一條中庸之道。振興委員會於二〇一七年提議廢除憲法第九條（日本憲法的「無戰爭」條款），讓日本與其他國家一樣擁有防衛權力。它也要求把國防費用增加一倍，讓每年的國防支出略多於國內生產總值的二％，並建議政府大幅擴張海軍和空軍的規模。日本的火箭技術已算先進，只需要稍微調整就能應付軍事所需，此外日本當然也要能取得美國的最新武器。儘管所有討論都指向要發展核武，但委員會認為發展核武的時機尚未成熟。這項決定隨時可以重新審視，但委員會認為迅速發展成為一個核武強權對日本來說可能弊大於利。

委員會並不把重點放在軍事，而是呼籲透過外交手段來解決。委員會說日本應該尋求更廣更深的結盟，而不是單單依靠美國。委員會的代表造訪韓國、菲律賓、越南、印尼、新加坡、馬來西亞、泰國、澳大利亞和印度聽取意見。基本上，他們發現大家都小心翼翼地表達對此的興趣，但也充滿著疑惑。例如，韓國人的位置顯得有些尷尬。不論是文化和經濟，他們比任何其他國家或人民都更像日本人。然而，他們卻偏向跟自古以來的敵人中國結盟。不過，他們並不想遭中國支配。因此跟日本建立某種協議，聽起來有可能對他們有好處。但是，他們也難免要問自己，如果日本學校的教科書一直否定二次世界大戰中的重要事實，或者日本政要與評論家不是否定就是合理化二戰期間日本皇軍強迫韓國婦女擔任「慰安婦」的罪刑，韓國怎麼能與日本結盟？沒錯，韓國同意日本已經道歉過好幾次，他們也認同韓國的政治人物為了政治目的而刻意保留過去的仇恨有錯。雖然他們同意不應該再抱持這種態度，但也強調日本常常在道歉之後，又會重新詮釋道歉時的措辭。他們呼籲日本採取一些激烈手段扭轉一切，如此一來韓國將更熱衷於和日本建立更強的紐帶。雖然韓國的情況與其他國家非常不同，但重建委員會的代表所訪問的每一個國家，全都對於跟日本建立更緊密的關係感到遲疑。

委員會聽取並思考代表的報告之後，提出了四個步驟。第一個是仿照德國與法國的方式。德國與法國為了打消二次大戰之後的嫌隙，由學者和專家組成一個聯合小組，共同撰寫歷史教科書供兩國學校使用。如此一來，也就可以避免歷史的潛在爭議。委員會覺得日本可以用同樣的方式，成立雙邊或多邊國家的專家小組撰寫新的教科書，也就能克服亞洲各國對戰爭揮之不去的怨恨。委員會呼籲在二〇二五年之前完成此事。

第二項建議是成立一座二次大戰的國際紀念館（International Memorial for World War II），詳細展出戰爭的起因、行動和解決過程，並從關鍵敵手的角度出發。紀念館和教科書一樣，由受戰爭影響的各國組成國際專家小組，防止過去的歷史造成目前協商與未來結盟的陰影。這個紀念館也應該在二〇二五年之前完成，並且把日本其他戰爭紀念神社都納入其中。

第三個步驟是日本放棄宣稱擁有竹島的主權。第四個前面已經提過，日本要把尖閣諸島的主權爭議提交到世界法庭仲裁。由於竹島並沒太大價值，所以承認韓國在島上的主權，實際上只要付出很小的代價就可以移除與韓國合作的一大障礙。日本提出對尖閣群島進行仲裁之後，將被視為一個理性與追求和平的國家，也就可能與中國達成雙方都可接受的協議。

上述措施能讓亞洲各國馬上鬆一口氣，並且對日本表現感激、溫和和好感。態度的轉變大於一切，讓日本更有機會與韓國、菲律賓、越南、馬來西亞和印尼締結合作和互保條約。有了美國的大力協助，二〇五〇年浮現的聯盟體系將更傳統也更平等，較美國霸權下所盛行的體系更為強大。美國與日本、韓國、菲律賓和其他國家的共同防禦條約依然維持，韓國和日本的陸海空軍建置繼續和美軍合作與聯合訓練。但現在日本的軍隊已經完全有能力在各個領域採取行動。所以日本已經成為一個「正常」（normal）的國家，平等分擔盟國的風險和脆弱性，從而成為更有價值的盟友。

最後的新發展是美國、印度、印尼、澳大利亞和日本之間防衛合作的演變，二〇二〇年代晚期，這些國家將雙雙締結互保條約，使得過去二十五年來確保半個世界和平與成長的大結盟大功告成。

第四章 婦女上場救援

你於二十一世紀中的二〇五〇年來到日本旅行，眼前的櫻花令人目不暇給，你注意到日本的人口組成和你上一次二〇一五年來這裡時看起來不大一樣。現在小孩和青少年更多，塞滿了車站，而且沿著街頭騎自行車，想到過去都是老當益壯的銀髮族用著與年紀不相符的矯捷身手騎著腳踏車在路上鑽來鑽去。到了傍晚，人行道擠滿了下班的人潮，你注意到街上穿著套裝的幹練女性人數和男性一樣多，當你昨天參加一家日本客戶的會議時對此已經留下深刻印象。這場會議由公司的女執行長主持，你對於會議室裡的女性和外國員工人數比日本男性還多感到驚訝。公司接待你的人婉拒你下班去喝杯啤酒的提議，因為他必須到托兒所接孩子。所以你只好孤伶伶地離開辦公室，自己去找酒喝，但你已經找不到酒吧街，沿街你只得看到親子餐廳，裡面有母親、父親和孩子一家人共享晚餐。

當然，這一切都和二〇一六年特別民族復興委員會所面對的的情況截然不同。二〇〇五年，日本的總人口已經開始萎縮，那年年底的人口數已經比年初時少了一萬人。到了二〇一一年，人口每年下降二十萬兩千人。自此之後，衰退就是踩足油門加速，因為每年育齡婦女的人數不斷減少、結婚人數減少，婦女初育的平均年齡逐步增加，在二〇一六年約為三十一歲。如第二章所述，二〇一五年的官方預測表明，二〇五〇年人口可能會減少至八千五百萬。這項預測指出每年減少的人口數理論上可能達到一百萬，而且最後一名日本人可能會在西元二一三五年死亡。無論如何，日本從很久以前就不再是一個充滿生命力的社會。

這尤其真實，因為唯一比日本總人口老化與萎縮速度還快的是勞動力。二〇一〇年工人有八千七百萬人，到了二〇五〇年這個數字已經下降到五千二百萬，大約與二次世界大戰結束時的工人數量相當。以這種人口縮減的速度，光是要維持生活水平（更不用說達到任何的經濟成長）就需要生產力有驚人的提升。退休基金很快就會用盡。消費者愈來愈少，可以填補自衛隊的年輕人數量將會下降，但是此時與中國軍事衝突似乎提高，而美國的相對實力衰弱。這項問題有立即性與長期兩種時間層面，但復興委員會理解兩種情況未來的關鍵都掌握在日本婦女之手。

婦女，工作和生產

為了維持不久之後的經濟增長和生活水平，日本亟需更多的婦女加入勞動力並生育更多小孩。日本在這方面遠遠落後韓國以外的其他所有先進國家。以二〇一一年經濟合作與發展組織（Organization for Economic Cooperation and Development，OECD）為例，會員國女性參與勞動的比例平均是七〇%左右，日本大約是六二%。據估計，日本女性參與勞動的比例如果提高到經合組織的平均水平，國內生產毛額會成長四%左右。如果進一步提高到北歐國家七六%至七八%的水平，將會再增加國內生產毛額的四%。根據二〇一三年高盛（Goldman Sachs）估計，如果日本在勞動年齡（二十五至五十四歲）的女性參與勞動的比例和男性同樣是八〇%的話，國內生產總值將會增長一五%。

數十年來，全球的討論與研究都指出需要更多婦女投入勞動力。許多已開發國家從一九六〇年代避孕藥出現以來生育率開始下降，勞動力也逐漸萎縮。同時，現代養育和教育孩子的成本上漲，使得家家戶戶都是雙薪家庭。然而，大多數國家不願意提供職業媽媽任何援助，導致婦女無法隨心所欲地生小孩。

然而，從一九八〇年代瑞典開始，然後九〇年代中法國跟進，一些國家已經設法穩定甚至扭轉人口減少的趨勢。有一部份是藉著增加家庭支持，如兒童津貼、兒童照顧計畫以及針對母親與父親提供大方的育嬰假。有一部則是正式通過民間工會和立法，確保婚生與非婚生子女都享有平等的權利。有鑑於此，日本也應該側重於推動婦女就業並剷除婦女參與勞動的一切障礙，讓她們也可以生小孩。換句話說，讓生育年齡的女性就業更容易，有可能讓她們生更多小孩。當然，瑞典、法國、英國和美國也從大量移民流入得益，因為移民往往有比較高的出生率。

日本的問題

振興委會會的委員清楚，日本女性和大部分的職業男性最大的抱怨，實際上就是缺乏足夠的托兒服務。疲憊的父母埋怨早上要耗費不少時間送一個小孩到托兒中心，然後再送另一個小孩去另外一個中心，等到晚上要反過再接一次。這具體呈現一個分散但高度管制的兒童照顧體系。事實上，日本有兩套完善的體系。國家經營的日照中心，也就是「**保育園**」（*hoikuen*），讓職業婦女把未滿六歲的子女全日托育。這些機構由厚生勞動部管理與出資。除了日托中心之外，還有公立的幼兒園，稱為「**育兒園**」（*yochien*），針對三至六歲的兒童提供非全天的日間照顧。這些機構是由文部科學省負責，主要針對傳統單薪家庭有全職媽媽的子女。兩套系統都受到嚴格管制，要求有一定的樓地板面積、專門訓練的人員、指定設備等等。這樣做的結果就是保育園小孩太多，而育兒園效益不高，育兒園大概只招到名額的七成。但由於一些官僚的理由，不可能將保育園的小孩轉到育兒園。另外，儘管維持兩套獨立的系統，但日本對於六歲以下兒童照顧的真正支出低於美國、德國或英國，更遠遠不如瑞典或法國。

所有的證據顯示，提供托兒服務將深深影響婦女是否就業的決定。研究指出生一個小孩會使婦女的勞動參與率下降三〇％。女性如果和能夠幫忙照顧孩子的父母或其他親戚同住，勞動參與率會高上許多。因此，這些報告強調有需要全面提升育兒的能力。

為了政府的信譽，安倍內閣從二〇一四年制定了擴大育兒方案的計劃。但是，橫濱市的一場實驗才是提供解決之道的第一手經驗。二〇一〇年，橫濱市反對中央政府插手，決定自行解決此事，目標是二〇一三年要把托育中心的候補人數降到零。為了達到此目標，橫濱市通過該市日托中心的自由條例，開放私立，只要可以達到一些寬鬆的基本標準，企業主就可以建立私人經營的托育中心。如此一來，新的日托中心暴增，期限之前候補名單就已經消化完畢，而橫濱市的預算只增加大約一．七％，而在兒童保育機構的小孩人數已經增加二五％以上。為此，安倍政府於二〇一四年七月宣布了「學童保育方案」（Gakudo program），包括增加課後活動，如此將有高達三十萬名學生可以留在學校，直到父母下班之後再過來接。其他相關措施還包括承認父母是「支持育兒的專業人員」，允府他們做一些跟學校有關的活動。

請別忘記，學童保育只是女性就業第一個也是最明顯的障礙。進一步研究顯示，第二個障礙是稅制的結構。日本像許多國家一樣，長期以來都是對家庭而非個人課稅，而且只要配偶的收入不超過一〇三萬日幣（美金八千元），主要收入者就可以獲得所得稅減免，因此長期以來都是間接補償女性擔任家庭主婦的損失。這個金額也是許多私人企業設定為享有退休金和其他福利的收入門檻。這樣的薪水水平往往被稱為「職業婦女的就業障礙」。安倍政府已經在二〇一四年取消這部分的稅法，鼓勵更多婦女走出家庭投入就業，而這跨出很大一步。

然而，打消婦女外出就業的強大力量不僅僅是缺乏托兒服務和不合時宜的稅制，其他像是企業根深蒂固的做法和社會態度。比方說，根據各種調查，長期、毫無彈性的工作時間以及缺乏雇主的支持，實際上都是婦女不想去上班的第二重要的因素。隨著日本持續老化，愈來愈多婦女需要照顧年邁的父母，缺乏家庭支持的問題勢必會更加惡化。

另一個幾乎同樣關鍵的問題是日本企業的女性主管比例極低。日本女性主管只佔九%，比較起來美國則是四三%。這表示女性少了一個職場上仿效的對象，也就無法鼓勵女性從事或者繼續當個職業婦女。上述差異的原因不少，但關鍵因素是日本的職業生涯結構。大學畢業或職業學校畢業之後，日本的年輕人就由會社聘用，這隱含著終身雇用。對於女性來說，在此重要時刻的一大決定是要選擇通常由男性所走的就業之路，或是家庭主婦的非就業軌道。當然，就業的薪資比較高，必須投資對終身員工進行職業訓練，隨之而來是一次付清的退休金、養老金或其他福利。非就業的軌道薪資較少，缺乏保障，也只需要承擔相對簡單且不需要太多訓練的工作，而這些工作大部分是由女性填補。對於選擇就業軌道的員工來說，長期有約束力的合約不只提供了就業保障，也可以要求員工留在公司或者聽公司差遣外派到任何地方。

整個體系都預設女性一般不會進入全職或專業的職業生涯，而體制設計的目的是減少女性員工提早退休的潛在成本。從各方面來看，這都是一個以男性為中心的體系，而且這勢必成為一種自我實現的預言。因為體系的運作預設女性不會是職場上的主角，所以她們也自然不會成為主角（甚至當她們非常想要當主角時也當不上）。萬一女性真的選擇走上會社之路，剛就業的契約內容都相同，但升遷往往比較慢。根據調查結果顯示，針對公司的晉升之路，大多數表現優秀的男性職員都比表現優秀的女性職員向上多一階或是更多階。這全部帶來的結果是日本女性的平均薪資比男性少了二八％，男女薪資差距是其他先進國家的兩倍之多。公司的女性員工較多以及董事會性別比例更多元，表現往往勝過那些清一色由男性所組成的公司，這雖然已是全球共識，但日本女性參與勞動的情況仍然落後許多。

實際上，日本二十至二十五歲之間的女性參與勞動的比例與其他先進國家並無不同。但是，日本女性到了三十歲左右，女性勞動參與率急劇下滑，這反映的是大約六〇%的日本女性生下第一胎之後就完全離開職場。這是一部份的原因，另一方面是因為制度對職業婦女的支持仍然非常薄弱。首先，日本的法律與公司政策對於產假和育嬰假的長度，遠遠比大部分先進國家還短。二〇一三年，安倍宣布實施三年育嬰假，但父母只有一方能拿育嬰假。在日本社會，這樣一種長假幾乎肯定是由母親來休，然後休假結束之後她們也就很難重新回到職場，因為她不再「適合」工作團隊，而同事們也會這樣想，所以她必須離職。除此之外，「正職」員工才有資格可以請假，也就是那些有長期合約的人。「非正職」員工，意指那些只有兼職合約的人，並沒有資格請長假。由於非正職員工大部分是女性，同時因為非正職員工的人數愈來愈多，也就代表可以帶薪休假的女性愈來愈少，而且休假的時間也變得愈來愈短。如果女性休假太長，她們的工作也就不再保留。此外，制度同樣不支持丈夫休假。雖然小孩的父親也可以請育嬰假，但日本男性真的請育嬰假的比例低於三%，因為這樣做在別人眼中是缺乏男子氣概的表現，而且顯得對公司有些不忠。相較之下，七〇%的瑞典父親會休完規定的合法假期。另外，日本的父親比其他先進國家的父親更少做家務。這不僅反映出男性對性別角色的態度，而且也反映出日本公司長期以來所建立的習慣，是要這些員工不斷地加班，而且在離開辦公室之後還要去應酬。這又反映出日本企業缺乏適當的員工考核體系，反之員工表現是以他們花在工作以及相關活動的時間來評判。或許把時間用來支持他們的妻子與孩子會更好的想法不曾在男人腦中浮現。然而，振興委員會從瑞典、法國和美國等其他先進國家的經驗中可以看出，更長的育嬰假和為父親提供更多的家庭支持，可以增加女性長期的勞動參與率。當然，前提是法律的結構允許員工在一段長時間的休假之後，擁有重返他或她工作的權利。委員會強調日本必須強制規定此事。

養兒育女與移民

思考日本出生率下降的原因絕對避不開墮胎。二〇一一年，日本大約有二十萬次墮胎。當時，日本每年的新生兒大約是一〇五萬。因此，假如沒有墮胎，日本的生育率會自動增加大約二〇%。當然，振興委員會知道墮胎率是不可能降為零，但是調查墮胎的情況和原因顯示，墮胎通常是年輕的未婚女性希望避免單親媽媽的社會污名，以及日本在就業、徵稅、住宅與社會服務和其他方面的歧視。

認養小孩在日本並不多見也是造成墮胎的原因。舉例來說，美國每一萬名新生兒有一七〇名會由人收養，而在日本這個數字是六。情況之所以如此，其中一大因素在於傳統的「戶籍」（*koseki*）家庭登記制度。這個古老的系統記錄了每一個人生命中的大事，例如出生、結婚和離婚都會在村裡或城鎮登記。戶口名簿是以父親為首或男性戶長所組成的家庭。例如，父親不詳的孩子要登記在外公的家庭。家庭的系譜紀錄大部分都存進戶籍系統，外人隨時可以拿到這些資訊。因此，戶籍系統有如一股強大的力量，阻擋日本要避免一場人口災難而迫切需要的改變。

另一個問題是延長婦女的實際生育期。一方面，婦女為了建立自己工作與專業上的資歷，所以必須晚婚或晚生。另一方面，他們邁入更年期之前能夠懷孕的時間有限，如果晚生將縮短她們可以生小孩的時間。然而，有一種方法可以延長婦女的生育期，那就是創立卵子銀行公司，女性可以在年輕時拿出身上健康的卵子，冷凍儲存起來等到她們四十或甚至五十歲的時候再用。如此一來，她們可以先完成自己的工作與職業生涯，之後再領出這些卵子生幾個自己想要的孩子。事實上，二〇一五年時日本已經有一些女性到泰國的卵子銀行捐卵子；其他日本婦女獲得這些卵子之後，就可以晚點再懷孕。這些婦女之所以到泰國做這些事，是因為捐贈卵子在日本雖然不違法，但日本社會對此接受度不高也不鼓勵。

人口減少的趨勢對婦女的影響還有另外一面。居住在日本的外國人可以為一個年輕的女性申請簽證，從菲律賓等國家找過來住在他／她家，幫忙做一些家務。但是，日本人就無法替幫傭申請簽證。這項政策背後明顯預設外國人與她們的幫傭都是臨時居民，而幫助日本人很有可能成為永久居民，因此成為日本社會的負擔。當然，另一種看法是外國幫傭到日本家庭幫忙，可以讓家中的婦女去上班。但這種想法無法在日本普及開來，因為日本一直嚴格限制移民。二〇一四年，日本已經開始遭遇移民流出大於流入的問題，日本年輕人（特別是年輕女生）加速離開，有時候是尋找更開放的工作環境，有時候是帶著孩子到澳洲、紐西蘭、加拿大和美國等國家接受教育，學習講流利的英語。

上述趨勢給委員會派去調查其他先進國家的作法與經驗的研究團隊拋出一個很大的問題。日本是否應該改變長期的歷史禁忌，考慮讓無任何日本血統的人永遠住在日本？日本非常恐懼同質、緊密連結、微妙平衡的社會結構會遭到破壞。國外的移民者是否有相同的集體認同、休戚與共、義務情感，以及在面對危機與災難時自我犧牲的意識？日本二十世紀末已經做了一些嘗試，讓那些早就移民到巴西的日本人重新移回日本。但事實證明，這些日裔巴西人似乎變得更像巴西人而非日本人，實驗證明這有一定的難度。然而，移民對於復興一個停滯的社會與經濟體，像英國、法國、德國與北歐各國扮演了重要的角色。事實上，韓國甚至有證據表明，移民略微增加就可以發揮非常正面的作用，尤其是帶來技術和管理知識的人才以及便宜的醫療及老人看護。

然而進一步的考慮揭示了另一個非常有趣卻可能的重要細節。二〇一五年的人口預測顯示，法國的人口在二〇三〇年已經超越德國。兩國的移民率相同，而且德國目前總人口數比法國多出二五％，為何會有此情況發生？答案是法國透過各種家庭支持政策，成功地將國內生育率提高到每位婦女平均生育二．〇三個孩子，或者大約達到人口替換率的二．一。但德國的生育率卻下降到一．三六，遠低於人口替代率。因此，德國將需要更高的移民率，才不至於造成總人口下滑。

海外的情況

這些數據以及許多國家也面臨著和日本類似問題，委員會派出研究團隊深入調查法國、北歐各國、英國、德國、義大利、荷蘭和美國的經驗。法國對於刺激家庭人口成長有著豐富的經驗，法國的女性勞動參與率、出生率在各國也是最高。法國以擔心德國跟法國的出生率拉開影響國家安全為由，早在一九三〇年代就已經啟動一套國家支付家長費用的體系；到了一九六〇年代，法國生育率二・八七遠高於德國的二・五一。不過，就像一九六〇年代末多數的先進國家，法國出生率節節下降，到了一九九三年降到一・七三。這仍然遠高於德國的一・二四，但已經明顯低於二・一的人口替代率。

由於擔心短中期的經濟停滯以及長期的滅亡，巴黎採取的似乎是世界上最慷慨的家庭支持配套措施。首先，法國大幅放寬家庭的定義，包括未婚同居者，甚至是父母只有一方和小孩住在一起也算。這對於一個超過五成的新生兒都是非婚生子女的社會實在非常重要。因此，二〇一六年，母親每次懷孕的第七個月都可以收到相當於美金一千三百元的補助。之後每年還有比較少的補貼，直到小孩滿三歲為止。產假可以領到全薪，並保證休假結束可以回到同樣的工作崗位，前兩個小孩可以請十六週，第三個小孩可以請到二十六週的產假。母親如果願意，可以和配偶分配產假的時間，但父親另外有十一天帶薪產假，而這只有父親能請。母親每個月還有津貼，看是生第幾胎，金額從每個月大約美金二〇〇元到四五〇元左右不等。凡是為了留在家裡照顧第三個小孩的母親，除了其他標準的給付和福利之外，每個月還可以有大約一千二百美金的津貼。母親如果在十六週或二十六週全薪的產假休完之後還想再休，可以有另外兩個月到半年的無薪假，但保證休假完能夠返回她的工作崗位。如果她同時懷了第二個小孩，她可以再請五年無薪假，也是保證能回到原有的工作。

當法國媽媽恢復工作，兩個月到三歲之間的小孩都可以獲得國家兒童照顧方案「托兒所」（*crèche*）。這需要付費，但是依照個人收入計費，收費範圍大概從每個小時六元美金到五角美金不等。每一間托兒所都有一位兒童心理學家和兒科醫生的值勤或待命，至少有五〇％的職員需要有嬰幼兒照顧與教育的文憑。托兒所從早上七點三十分開門一直到晚上七點或甚至是八點。這項方案大受歡迎，所以法國家庭只要家裡有三歲以下的小孩，不論收入多寡基本上都會使用。然而，針對那些不喜歡使用托兒所，或者只是偶爾使用的家庭，政府還有一個方案是提供抵稅支持聘褓姆到家裡照顧小孩。

針對三歲到六歲的兒童，政府會提供學前教育方案「幼稚園」（*école maternelle*），時間從早上八點半到下午四點半，通常是結合「托兒所」，這樣就可以一直照顧到晚上。除了這些福利以外，還會根據生了幾個孩子提高收得稅的扣除額。第三個小孩的所得稅減免是前兩個加起來的兩倍。有三個小孩的夫妻退休金的福利提高一成，而有三個小孩以上的夫妻買火車票可以打七五折。這些都是全國健康照顧服務優先要做的事，也由健康照顧的專業人員認為是花小錢換得最佳整體照顧的一項服務。另外，法國兼職的工作依比例提供一切給付與福利，因此一位兼職員工可以和全職員工一樣納入退休金、醫療、失業給付與給薪的病假等福利，雖然給付的比例較低。最後，每位法國人每年保證都可以獲得五個禮拜給薪的年休。

總而言之，法國的支持體系確保了一個人有了孩子，也毋須擔心照顧小孩可能會讓人丟掉工作或者失去福利、教育、醫療或退休等好處。事實上，無論個人的婚姻或家庭狀況如何，母親或父親永遠可以確保擁有充分的財務支持與就業機會。

但法國不僅只有政府的支持，企業一般聘用女性也不會有差別待遇，事實上情況正好相反，一九九〇年代，法律規定大公司的董事至少要有四成的女性。即使是比較小的公司，女性董事的人數不能少於男性董事兩名以上。因此，如果公司有三名董事，其中至少要有一名女性。這種想法已經獲得反覆灌輸進入法國的一般文化，公司要接受年輕女性進入職場，並且接受女性會因為小孩與撫養家庭多次中斷工作。大家都清楚法國女性生育前後會休假，她們可以選擇留在家中休息六個月，如果環境允許甚至更久。企業接受這種模式，純粹將此當成是把勝任的女性留在公司所要付出的成本。法國每週工作的節奏也在幫助身兼二職的婦女。公司允許她們在星期一與星期二上班，星期三休假陪小孩，因為法國學校通常在這一天是讀半天，接著在星期四與星期五上班。

法國體制的可能弱點是家庭組成過度強調女性的角色，而很少培養男生參與撫養小孩的責任。也許有些人會認為，法國的家庭關係密切，撫養小孩的責任相對來說平均分擔，因此男人的角色並不需要特別強調。但從創造一個有利於撫養小孩的環境來看，法國男性整體而言仍然比母親做得要少得多。

北歐模式（指挪威、瑞典、丹麥、芬蘭和荷蘭）提供了一個更好的例子。斯堪的納維亞地區非常強調性別平等。例如，從二十一世紀開始，挪威就要求女性必須佔公司董事會的一半，類似的標準也普及到其他北歐國家。重要的是，徵稅和給予福利是以個人為基礎，而非傳統以家庭為基礎。所以，妻子不需要依賴丈夫的收入。事實上，這些國家和法國一樣，所有孩童都是一視同仁，無論小孩的母親是否正式結婚。同時，父親與母親享有一樣的福利。以挪威為例，父親會得到十週的帶薪陪產假；而在瑞典，每對父母都有十三個月的全薪產假與陪產假，而他們至少都會休兩個月。換句話說，如果他們願意，父母每個人都可以休假半年，然後決定剩下的一個月由誰來休。這裡也一樣，課稅是以個人而不是家庭為計算基礎，所有的北歐國家都很強調父親需要分擔家庭的工作和養育孩子。人們認為透過這種方式，女性能夠像男人一樣工作，對經濟盡一份力，同時也願意生更多小孩，因為生育和撫養小孩在經濟上受到的懲罰已經大為降低。簡言之，北歐人相信讓女性更容易也更想要投入工作，自然而然會帶來更高的生育率。

當研究團隊轉向英國，發現一個國家的生育率並不是永遠固定不變，甚至還可能快速改變。英國邁向二十一世紀時生育率只有一．六，但到二〇一二年迅速上升到了二．〇左右。基本上，這反映出英國採取了法國和北歐各家的各項方案。但主要是二十世紀後期英國開放邊界所帶來的移民潮。新移民之中有許多年輕女性原本的社會裡比英國傳統更重視家庭，而這大大提高整體生育率。

乍看之下，美國的例子似乎和英國的經驗相去不遠，就是相對來說比較簡單的移民管道能增加一國的出生率。但再看一下，肯定有另一個要素確認了北歐成功的某些特質。美國或許是因為有拓荒者的血統，所以美國比起大多數國家更有丈夫分擔家務與照顧小孩的傳統。美國也普遍提供負擔得起的兒童照顧和學前教育方案。這不是因為強而有力的公開資助計劃，而是因為美國並未針育兒服務有特別的管制，所以私人部門可以在營利和競爭的環境中提供相關服務。因此，儘管美國並沒有像法國和北歐那樣的家庭支持方案，預算跟法國及北歐政府花在兒童和家庭支持的費用比起來也根本微不足道，但美國女性的勞動參與率相對較高，而且生育率二．〇四也比較高。不過，這個生育率也是因最近的移民生育嬰兒的人數比美國整體平均要高。

研究團隊認為德國之所以重要是它提供了一種負面例證（negative confirmation）。雖然德國已經推動許多慷慨的育嬰假，也學習法國與北歐的減稅與育兒福利措施，但它未像這些國家有普遍的公共托育和學前計畫。因此，德國人生小孩的風險與成本都比較高，所以生育率低得多。這一點尤其明顯，因為如前文所述，德國和法國移民增加率都差不多。因此移民比永久居民有更多小孩所帶來的影響在兩個國家應該一樣。但是，德國的出生率遠低於法國，這表示即使可以接受移民，單靠移民而沒有適當的兒童托育也不足以扭轉出生率下滑的趨勢。

平價的兒童保育和學前教育的重要性，也可以用義大利的例子加強說明。義大利的生育率為一．四一，稍微超過日本的一．三九，義大利的家庭與兒童政策及方案基本上也與日本類似。可以確定的是，義大利提供長期的全薪育嬰假，甚至領部分薪資的育嬰假更長。義大利也提供生育小孩的人一些現金補助，也有一些所得稅的優惠，雖然優惠並不像德國、法國和北歐國家那樣慷慨。但平價的兒童保育和學前教育設施在義大利並不普及，甚至比德國還要少。義大利的已婚婦女也和日本一樣，必須承擔照顧長輩的大部分工作，不僅期待她們要關心自己的父母，也要關心公公婆婆。因此，女性結婚和生育子女的成本和日本一樣相對較高，同時她們的教育水平與教育潛在的職業報酬也高。這與日本一樣，婦女愈來愈偏好選擇更高的工資，而不要背負結婚和撫養子女的負擔。

由於許多日本婦女渴望兼職，所以委員會對於荷蘭的情況特別感興趣，因為荷蘭在一九七〇年時女性勞動參與率低於日本，現在則是在全世界女性勞動參與率名列前茅。委員會發現荷蘭人從一九八〇年代開始大規模地減少兼職與全職員工之間的差異。舉例來說，兼職與全職員工的時薪中位數相同，社會安全福利、就業保障與工作規則也都一樣。另外，要從全職轉變成兼職工作或者兼職轉成全職都很容易。事實上，根據二〇〇〇年的「工時調整法」（Working Hours Adjustment Act）的規定，荷蘭工人在同一雇主下連續工作一年之後，就有權利改變他們工時。因此，荷蘭的全職和兼職工作幾乎保有完全的彈性，促使女性勞動參與率急劇增加。

一個明顯的問題是各種不同方案與制度的成本。以法國為例，如果把各種直接和間接的家庭補助方式算進來，法國在這方面的支出超過國內生產總值的五％，這是國防支出的兩倍，也幾乎是研發支出的三倍。顯然，法國的做法基本上有效，但代價卻是非常昂貴，這和北歐國家一樣，雖然瑞典將一部分兒童保育和學前教育計劃私有化，把花費降至國內生產總值的三．七％左右。委員會認為有趣的是英國在此方面的花費也非常高，根據一些估計，金額高達英國政府預算的二五％，肯定不會低於一〇％。這些支出總計是英國花在國防或研發預算的三至六倍。

研究團隊顯然想知道是否有妙招可以達到法國的效果，卻不用像法國一樣花大錢。北歐的變化指出這並非不可能，而德國與美國不同的情況還有一些學術研究，似乎肯定了這一點。德國的花費幾乎和法國一樣多，但是該國的兒童保育制度及學前教育訓練則遠不如法國。相反地，美國只花約一．三％的國內生產毛額在家庭為主的方案，但它擁有堅實的私立兒童保育和學前教育計劃。所以我們的結論在幾項學術研究支持下似乎說明，有一定比例的移民、良好的兒童保育和學前教育方案、彈性的上班時間、女性員工與主管有更高的地位以及保障女性，加上男性願意分擔家務與家庭責任，往往會成為生育率最高的國家。

建議：新法律和新政策

委員會依據全部的調查結果，在二〇一六年底提出了一套全面的革新方案，主要包括三組新的法令和政策。首先是要讓日本的女性更簡單就可以投入工作，讓工作更有吸引力，並鼓勵更多的勞工不分男女都加入勞動的行列。其中包括：企業要聘請更多女性擔任終身職員工，並且指派更多女性出任董事，藉此為女性創造追隨的典範。其次是特別要減少女性的社會與經濟負擔來促進生育。這些措施包括廢除**戶籍**制度，取消對家庭幫傭的簽證限制，讓收養小孩更簡單，讓婦女在長期產假之後有返回職場的權利。第三組規定著重於吸引更多外國人到日本工作。這套改革方案將使日本這方面的支出從國內生產毛額的一．二％上升到三％。

委員會從中學到很重要的經驗，如果女性參與勞動主要是因為女性想要工作，有彈性的工作時間，而不是被迫為了家庭生計而上班，如此一來女性參與勞動的比例越高事實上是讓生育率越高。因此，這項配套改革措施主要的一部份，也就是法律的規定，包括北歐模式的育嬰假以及提供全職或兼職工作的彈性條款。具體而言，法令要求公司提供十二個月的全薪育嬰假，另外有十二個月是領三分之一薪水的育嬰假。此外，委員會也增加了一些日本人獨有的福利，也就是類似育嬰假的照顧長者假。不論是育嬰與照顧長者，假期可以由夫妻自行調配。此外，也規定至少有三個月的陪產假。改革同時包括荷蘭模式的彈性工作條款。因此，日本女性或男性可以兼職，而且福利和保障與全職工作一樣（根據他們工作時數的比例分配）。兼職隨時可以換成全職，而全職也可以改成兼職。

整套改革方案還包括掃除稅制對婦女的差別待遇，改變稅收制度的結構，從以家庭為課稅單位改成以個人為課稅單位。另外，假期時間延長到每年四週，並且強制休假。政府規定大公司必須在下午五點下班，讓員工加班超過一小時的主管將受罰。

這套措施不只需要公司的承諾，也需要社會創造友善兒童的環境。舉例來說，政府要求餐廳不可以拒絕攜帶小孩的顧客，並要求鐵路公司保留一節車廂給帶小孩同行的母親使用。或許，最重要的是兒童保育與學前教育體制的改革，法令把執行的權力從中央政府移轉到地方政府。根據大的施政方針，地方政府把實際的服務外包給私人公司，將育兒工作私有化。這些措施的目標，是讓家中有六歲以下小孩的父母，可以有更多實惠的兒童保育選擇。

另一個關鍵元素學自挪威。改革要讓女性有一個仿效目標，並讓公司治理更多元化，所以規定在二〇三〇年之前，公司董事必須有一半是女性。涉及公司作法與勞動關係所建議的改變也對女性產生影響。這些改變包括以表現而非資歷作為晉升的標準，並且使用正式的職務敘述與員工評估，避免有意識或無意識的歧視。

委員會還呼籲立法廢除家庭登記的**戶籍**制，贊成像美國那樣就一張簡單的出生證明即可。同樣地，各縣市政府有權在普遍的指導方針下，核發本地的出生證明。因此，當地市政府的居民登記就已經足夠，不再需要戶籍制度。這些出生證明書將在出生時發給新生兒，除了父母的姓名不需要提到其他家人，父親不詳的情況下只要有母親的姓名即可。小孩出生時只要父母親在日本定居就可以拿到日本國籍。出生證明不能開放大眾查詢，只有在申請駕照、護照或結婚證書時才派得上用場。換句話說，社會大眾對於他人的評判與決定必須根據這個人的成就紀錄，而不是看他的家庭背景和血緣。現在，二〇五〇年，這些措施已經讓未婚媽媽與收養子女過去所承擔的原罪消失得無影無蹤。

移民的重要性

對於吸引更多外籍勞工到日本提高女性勞動參與，研究團隊和委員會的結論指出日本最佳的解決方案是允許稍微增加一些篩選過且接受管控的移民，同時也盡一切努力增加國內的生育率，並且創造有吸引力的環境，讓日本人（尤其是年輕的日本女性）想要留在日本或是返回日本。

二〇一五年調查時，非日本籍的居民大約佔日本總人口數的二%左右。委員會呼籲推行政策在二〇四〇年將此數字逐漸提升至六%，尤其是針對特定類型的移民。首先，他們將盡一切努力聘請例如軟體工程、生物技術研究和系統分析等日本比較弱的領域的國外技術人員和專家。移民政策還包括為那些承諾在日本投資創業的外國人提供特殊簽證，有點類似加拿大和美國的政策。如此一來，希望日本可以吸引從世界各地前來的人才、創新和投資。中國的工程師的確是熱血沸騰的企業家，他們不但給日本帶來新的想法，也帶來中國國內市場的商機。同時，日本對他們來說也是一個理想的地方，因為日本提供落實創業計畫所需的資金與激勵措施。

委員會還呼籲從鄰近的亞洲國家徵聘年輕人，填補家務、護理、老年照顧和看護等領域暴增的人力需求，因為這些領域工資較低，做起來不大舒服，所以對日本人來說並不是特別有吸引力。菲律賓人很早到日本當外國人的幫傭，現在的簽證規定已經改變，日本人也可以聘用外勞住到日本當幫傭。菲律賓等東南亞國家的護士也受益於新的規定，承認外國的護理證照，並且讓這些護士有時間去學習日語。例如，印尼合格的護士不再需要通過複雜的日本醫療檢定，只需要接受一些適當的基礎日語課程。

除了積極招募發展中國家的特殊人才之外，日本也前往歐美找人，尤其是法國。因為二〇〇八至二〇一〇年的金融危機之後，法國並未開放自己的勞工市場，所以整個國家有大量的一流工程師出走，試著尋求更好的機會，首先在英國和美國，接著也會到日本尋找機會。舉例來說，截至二〇二〇年為止，法國每兩個應屆畢業的工程師就有一個會離開離開，經驗老到的工程師也在出走，但法國的損失就是日本的機會。

我們在二〇〇〇至二〇〇八商品繁榮（commodity boom）期間已經目睹澳洲成功招募美國礦工，東京於二〇一五年決定在巴黎的香榭麗舍大道附近設立招人辦事處，必且在圖盧茲（Tulouse）和里昂（Lyon）設立辦公室，這兩個工業中心滿滿是日本企業所需的人才。這些努力迅速讓大批有專業技術的移民湧入日本。日本卓越的技術根底對於法國工程師而言極有吸引力；另外，東京的米其林三星餐廳比巴黎還多，有時候日本的人才招聘人員發現這是一個很大的賣點。日本能夠吸引到曾經和空中巴士（Airbus）以及 **A380** 客機主要供應商合作的工程師，這有助於三菱在併購波音公司之後立即吸收波音公司的技術。還有日本的電腦輔助設計和繪圖產業也吸引了法國先進的 3D 軟體人才。有了法國的軟體工程師在日本汽車大廠的研發中心加持，日本能夠在汽車市場的重要利基跳上支配位置。

日本也從全球暖化對法國的衝擊獲得意想不到的好處。氣溫逐漸提高影響法國波爾多（Bordeaux）和勃艮第（Burgundy）等著名紅酒產地的紅酒品質。法國年輕的釀酒師發現，日本原先的稻米產地有不少可以靠著轉種葡萄獲利。他們獨一無二的法國培訓，使這些年輕的釀酒師能夠快速改良日本酒的品質，提升到世界等級的層次。例如，二〇五〇年，吉田城（Chateau Yoshida）生產世界上最受歡迎的勃艮第紅酒之一。

除了法國，日本也在印度和中國的主要城市建立人才招聘中心。因此，在日本生活和工作的印度和中國工程師急劇增加。事實上，由於印度社群擴張迅速，他們甚至建立印度經營的學校和專業機構，現在有許多日本學生入讀，因為他們想要用英文努力學習先進的 IT 技術。

世界各地的年輕工程師和企業家在日本聚集，合作產生化學效應，帶動創新的數倍成長，整合自身的人才與金融工具與日本正在研究新科技的中小型企業。他們是自然而然形成的盟友。成熟的公司已經慢慢淘汰六十歲強制退休的僵化政策以及員工薪水與年資掛勾的作法。國外企業家的浪潮對如何管理有著非常不同的願景。並非每個人都認為菜鳥是對的，但年輕的日本人（尤其是年輕女性），在一個根據績效給薪的環境會更加活躍。新公司的另一面是工作時間的安排、工作地點以及員工的工作方式都具有彈性，可以根據員工的特殊需求進行任何調整。這些小型公司最後成為創造高生產力工作環境的楷模，同時也促進生活形態與價值觀念的改變，並更進一步鼓勵家庭的成長。

三十五年之後

過了三十五年來到二〇五〇年，時間證明委員當時相當明智。新政策已經如預期產生正面效果，甚至有些意想不到的事發生。現在婦女參與勞動的比例是八五%，世界排名第一。另外，現在女性佔公司董事席位將近一半，七五%的醫生是女性、而女性執行長佔三五%。六歲以下的孩子大約有九九%都送進私立托兒所。日本有些縣引進了一套系統，父母親可以使用各縣政府發的的抵用券取得托兒服務。這也導致整個縣的支出下降，因為持有抵用券的人最歡迎的服務就是最有效率的服務，無效或最不受歡迎的托兒所已經遭到市場淘汰，或者已經改善讓自己的服務更有吸引力。因為支出減少與服務品質提升，所以現在有更多縣採取抵用券制度。

新政策還有一個意想不到的結果，東京和其他大都市中心的酒吧一間一間關門。因為生活型態的改變，還有引入更彈性工作時間，男人不再需要流連在公司和酒吧跟上司及同事應酬。另一方面，親子餐廳的家數隨著新生兒的數量而增加。現在沒有餐廳拒絕接待小孩；相反，他們通常特別為小孩準備一些東西，如蠟筆或是免費的蛋糕。

由於到處都有卵子銀行，四十五歲左右的婦女生小孩不再少見。這些新規定也使得從日本國內及國外收養來的嬰兒和幼兒數量急劇增加。同時，墮胎率也下降到近乎零，而出生率也上升到二・三。二〇五〇年，人口急遽下降到大約一・一五億人之後止跌回升，現在接近一・四億人。

人口的面孔也有所改變。三十五年前，定居日本的外國人大約佔總人口數的二%左右。現在，外國人的比例將近六%。這非常值得注意，但外國人的人數還不到淹沒日本人的程度。移民型態有趣相當值得觀察。每年移入人口有超過一半以上是中國人，他們很快就能同化，因為學日文的速度比其他移民更快。但其人也比預期的同化速度還快，因為日本社會一步步走向雙語，英語已經是日本的第二母語。從東南亞來的年輕女性湧入健康照護部門，成為東京與大阪等大城市周邊愈來愈多的銀髮族住宅所不可或缺的員工。這和北歐與美國所觀察到移民模式相似。這些女性中有些最後會嫁給日本男性，並且生下日本籍的小孩，其他人會在五至十年後才返回中國。

正如淨移民率穩定上升，日本男女的壽命也是如此。隨著日本經濟逐漸走向環保與永續，醫療進步與整體環境改善，促使日本健康的壽命持續增加，遠遠領先成為世界最長壽的國家。日本二十一世紀初期的死亡率下降的速度超乎預期，二〇五〇年的時候男性的預期壽命從八十歲左右上升到接近九十歲，女性的預期壽命則從八十六歲上升到九十五歲。

但是，這些統計數據看不出大部分男性與女性邁入八十歲時的健康情況也同時改善。舉例來說，二〇二〇年開始，政府規定所有七十歲以上的老年人都要從事各種社區運動課程來賺取「健康點數」（health points），用以交換免費的流感疫苗。銀髮族的活力提升使日本政府慢慢將全面退休的年紀提高到八十歲。與此同時，政府也放寬工作年齡的限制，讓老年人可以根據自己的需求調整工作時間。兩項發展對於防止日本社會保障制度全面被壓垮非常重要。社會保障繳交的錢確實有增加（曾經佔國民收入的一五%），但到了二〇四〇年已經不再增加，因此社會保障繳交的錢佔國民所得的比例下降。年紀大的日本人一般在六十五歲之後會換工作，不再幹需要體力的工作。舉例來說，許多老年人重新接受培訓成為小學的助教，並且在社區中與年輕學子分享工作經驗。因此，健康壽命的延長讓老年人的勞動參與率以及整體的國家生產力提升。

因此，日本證明國家人口結構的未來圖像未必不會改變。雖然亞洲其他國家（尤其是韓國和中國）大多數都日益老化、衰弱，但二〇五〇年的日本卻變得愈來愈年輕、愈來愈強壯。

第五章　英語國家

當你早晨醒來，打開電視收看新聞。你按遙控器尋找CNN、BBC或其他英文頻道，但卻不斷選到日語電視台。你突然看到螢幕下方有滾動的英文字幕，所以根本就不需要CNN。事實上，你已經可以感覺到自己有限的日語因為一邊收聽主播以日文播新聞並同時看著英文字幕而有所提升。但你還是想要聽用英語播報的新聞，所以你最終依舊找到CNN。令人驚訝的是，現在倒過來了，螢幕下方出現的是日文字幕，而你可以感覺自己的日文閱讀能力提升。

你今天要出城參加早餐會報，所以你關掉電視，搭電梯下樓，然後搭計程車到六本木之丘。計程車司機大聲用英文的「早安」歡迎你，然後繼續用流利的英語聊他兒子棒球隊的事，他老婆喜歡園藝以及他父親剛抓到的大魚。來到東京慶祝二十一世紀中的地標，現場的國際化程度令你大開眼界，各種膚色各種語言讓你大吃一驚。實際上，從二〇三〇年代開始，日本就有明顯的轉變，全球企業開始將它們在亞洲的企業總部從香港、新加坡、甚至雪梨搬到東京、大阪、橫濱和福岡。當然，對外國人而言，東京永遠是一座具吸引力的城市，因為公共安全非常好，連結亞洲其他主要的城市的航班非常密集，還有著完美無瑕的公共服務以及無與倫比的基礎設施和良好的教育服務。過去因為語言因素，跨國公司選擇亞洲總部的設置地點時，東京一直落在香港與新加坡之後。新加坡與香港兩地都說英語，企業的高階主管以及他們的老婆小孩，可以輕易入住並適應當地的環境。他們甚至在當地的社區中變得相當活躍。而東京和其他日本重要的城市就不是如此。

過去，日本人除了簡單的會話外英語其實不流利，而生活在日本的外國人也很少能說上日語。另外，日文不易書寫，所以外國人離開外派人員的特殊社群與酒吧之後就感到不自在。然而，現在情況已經截然不同，日本基於各種原因已經成為一個說英語的國家。現在在日本與人溝通就像在新加坡一樣簡單，或許比在香港還要簡單。結果，美國、歐洲、東南亞、南美、印度與中國外派的高級主管還有家人現在一窩瘋搬往日本。確實，因為北京與上海的空氣污染，許多原本駐華的全球高階主管會把家人留在日本，然後每週末往返。這一切創造了對住宅、汽車、辦公空間、學校、金融、飯店與其他各式各樣服務的需求，有利於日本的經濟復甦。

英語化（Englishization）

隨著二〇二〇年東京奧運會的逼近，努力大幅度提升日本人的英語能力已成為國家的首要任務。特別國家振興委員會之中，在前頭努力的是幾位企業界與技術界的領袖，例如電信公司軟體銀行（Softbank）的總裁孫正義以及電商公司樂天（Rakuten）創始人三木谷浩史等。三木谷浩史因決定全公司都要使用英語而成為二〇一〇年的頭條新聞，這個過程被稱為「英語化」（Englishnization）。孫正義和三木谷以及委員會的其他委員都瞭解日本不屬於全球創新、論述及經濟發展的主流，兩者距離相當遙遠。他們恐懼所謂的加拉巴哥症候群（Galapagos Syndrome）（這個術語最初是指日本的手機，因為過於先進所以和世界其他地方的手機毫無相容性，因此除了日本人以外，實際上並無人使用），最後不只遭到孤立，而且實際上對整個國家造成傷害。

這些委員認為擴大和改善英語教育是關鍵要素，指出英孚（Education First）語言教育的研究和活躍程度，確認一個國家的英語能力（依據EPI，也就是英孚的英語水平測量指標，English Proficiency Index）與經濟表現之間高度相關（見下圖）。英孚的統計顯示，英語技能會提升創新，加強和供應商和消費者的溝通，並改善招募人才的能力，這些全都有助於建立更好的出口環境。因此，除了少數以商品出口導向的國家之外，如沙烏地阿拉伯，隨著英語能力的提升，國家的國內生產毛額會提高，個人也可以享受更高的生活水平。意料之中的是，英孚的研究顯示，除了以英語為母語的國家之外，英語能力最強的國家大部分是歐洲國家。然而，他們也有令人驚訝的發現，儘管亞洲的語言和英語之間缺乏相似性，但是許多亞洲學校的體系成功地培養出英語非常好的學生。

根據英孚在二〇一四年出版的EPI圖表顯示，日本在六十三個國家的英語口語能力調查中排名第二十六名。這並不是非常糟糕，日本比法國（二十九名）及中國（三十七名）還好。然而，調查無法顯示但委員已經注意到的一件事實就是，中國、韓國、越南和其他國家皆用舉國之力提升英語能力，每年出版的調查報告中各國英語能力已經快速提升，但日本並未做任何努力改善這種情況。如此一來，潛在的成本非常龐大：做海外生意很困難，降低對全球、政治、經濟、社會與技術環境的認識；缺乏研發和創新的意識，也就不會去做研發與創新；教育成就較低；整體的人類發展較差。

當然，日本許多人早已意識到這組關係，但從來不覺得需要認真回應。委員會裡頭的企業與科技領袖現在強調這不只是溝通的問題，也包括透過互動刺激思考、討論、解決問題的方式以及新的想法。舉例來說，他們解釋日語受到儒家禮教的影響，

英語與收入

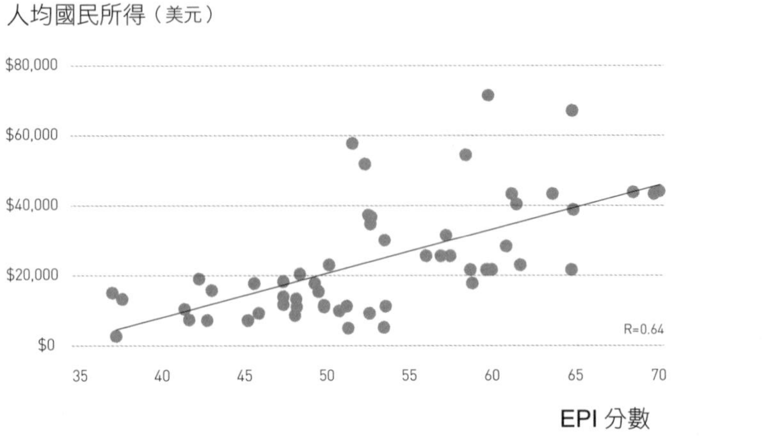

資料來源：World Bank, GNI per capita PPP($), 2012

英語與經營難易度

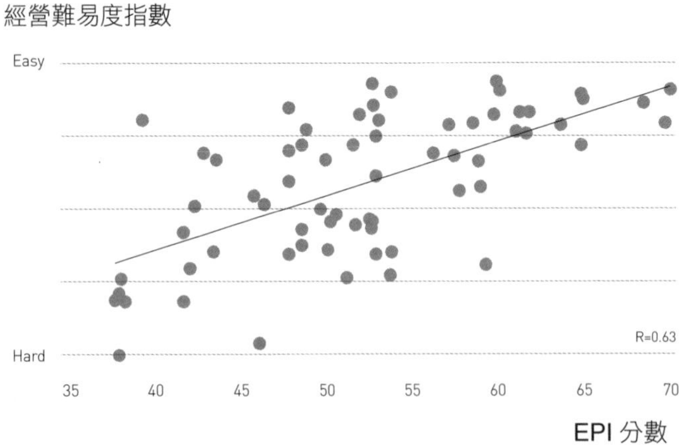

資料來源：World Bank and IFC Ease of Doing Business Index, 2013

英語與發展

人類發展指數

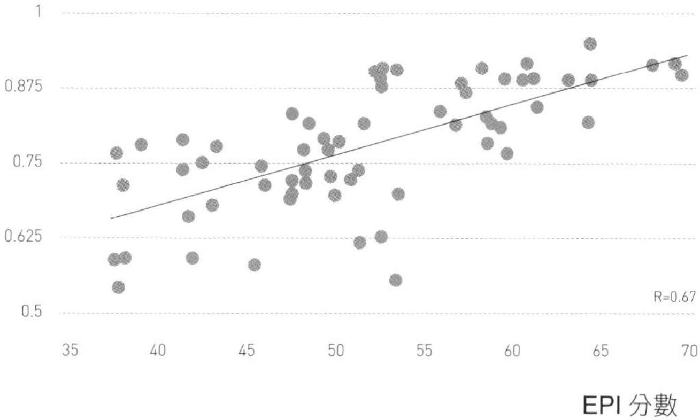

資料來源：United Nations Human Development Report, 2012

英語與繁榮程度

列格坦（Legatum）繁榮指數

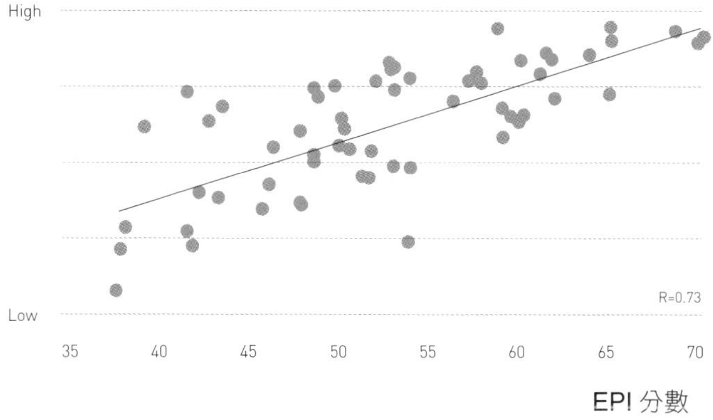

資料來源：Legatum Institute, 2013

英語與網路普及

每一百人使用網路的人數

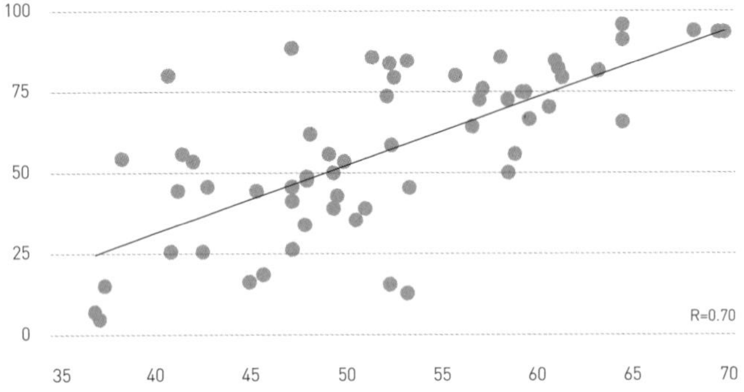

EPI 分數

資料來源：World Bank, 2012

英語與學校教育

平均就學年數

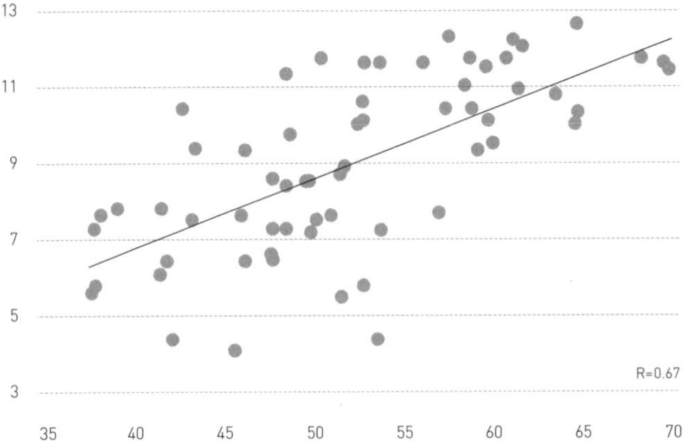

EPI 分數

資料來源：United Nations Development Program, 2012

往往強迫地位不平等的人談話時一定要拐彎抹角並帶有敬畏之心，不論是長幼、男女或是地位尊卑的高低都是如此。用日語爭論很容易被詮釋為略帶輕視或甚至是一種人身攻擊。講日語或許會帶來共識或和諧，但或許也會導致停滯，因為這將妨礙人們透過自由且無拘無束的對話，帶來新的想法與意見產生創新，而這在重視平等、實用導向的語言之中，例如英語，則比較容易發生。

有些委員心理想的是英語能力差所帶來的另一種影響。雖然日本漫畫已經迅速遍及海外市場，但只有一些日本小說，例如村上春樹的作品，曾經翻譯成外文給外國讀者。委員會知道日本有很多偉大的小說家與思想家，他們的想法不曾傳播到外面的世界。他們知道閉鎖在日本的是偉大的創新潛能、偉大的新產品與服務，以及偉大的精神安慰。他們也知道這些日本人的想法與世界各地其他人互動，將可以激發出意想不到的好處，他們認為這一切會透過英語釋放出來。

問題

因此，二〇一六年，委員會面臨的真相是日本的英語能力無法滿足未來的需求。當然，如何提高日本的英語能力並不是新的問題，事實上已經是個一談再談的主題。

首相安倍在二〇一四年初呼籲大學把托福成績列為申請大學入學的必要條件。雖然這在當時是個大膽的提議，但也僅僅為當務之急開了個頭。這似乎有兩個根本的問題，一個是學校的英文教育一直以來都偏重文法、閱讀與文本的翻譯，而不是口語、聽力、理解與溝通。他們的重點是通過大學入學考試的作文要求。所以並不是真正教學生把語言當作溝通工具。第二個問題只是第一個問題的延伸。日本學校裡頭大多數的英語老師並不會說英語，他們可以閱讀也可以翻譯，但是他們無法馬上理解對方說的英語，或是立即以英語回答，所以課堂上的英語教學和解釋用的都是日語。最糟糕的是這個問題早就已經知道，但每次建議要改變教學的方法與重點，英語老師或許是害怕丟掉工作，所以強烈反對任何改革。二〇〇九年，文科省的調查顯示，一〇〇二九所中學裡的二九五二四名英文教師，只有二〇一個是以英文為母語。如果不算兼任教師，中學裡全部二五四四九個專任英文老師中只有四十六個是以英語為母語。

為了解決這個問題，日本政府從一九八〇年代晚期啟動日本交流教學（Japan Exchange Teaching, JET）和外國語指導助手（Assistant Language Teacher, ALT）等計畫。這些計畫將英語國家的大學畢業新鮮人引進日本，在幼兒園與小學和中學擔任指導助手。整個計畫在二〇〇二年達到高峰，總計有六二七三名外國指導助手參與這項計畫。雖然他們對於指導正確的發音以及和學生在課堂之外的私底下互動很有幫助，但他們並不能主導課程，而且大部分的人都沒有教學經驗。所以英文課大部分的重點仍然是文法和翻譯，基本上仍舊用日文教學。有些觀察家認為JET和ALT等計畫相當適合讓外國人了解日本，但對於教導日本人說英語則是用處不大。

委員會再度派遣研究團隊赴海外考察其他國家的作法，因此發現世界各地有無數國家基本上都把重點放在英語教學與學習。他們發現那些英語程度最高的國家，包括挪威、瑞典、丹麥、芬蘭、波蘭、奧地利和荷蘭，除了波蘭以外，其他國家都是小國；還有除了芬蘭之外，他們講的話都屬於跟英語比較接近的日耳曼語系。但無論如何，各國都執行全面的計劃讓人民熟練英語。首先，所有的英語教師都能流利地使用英語。他們經常從幼兒園就開始教英語，而各國至少在小學三年級之前就開始了，一直持續到中學十七或十八歲畢業。英語課主要以英語進行，重點在於整體的溝通能力，所以在高中畢業時，學生已經具備了閱讀、寫作、翻譯、口語和理解對話的能力。

研究小組發現，或許比課堂教學更重要的是這些國家的年輕人在日常生活中都會接觸到英文。大部分非英語國家之中，國內播放的美國、英國、加拿大和澳洲電影、電視節目和新聞都是從英語譯為本國的語言。但在荷蘭與北歐國家，這些節目都是原音播放，搭配荷蘭、芬蘭、丹麥、挪威或瑞典文的字幕。因此，這些國家的人在各種環境中都不斷聽到英語，同時看著螢幕翻譯成本國語言的字幕。這就像他們一天二十四小時都在上語言課。此外，因為這些國家的電腦程式、流行音樂、網路活動和行動電話上的 app 都是用英文沒有翻譯，所以年輕人實際上是生活在雙語的環境之中。確實，其中很多人的確是接受這樣的教育，因為他們的父母都說著一口流利的英語，所以在家也常說英語。這些國家有許多大學也用英語授課，任何系所幾乎都可以只上英語教學的課就拿到學位。換句話說，每個國家的學生都可以在這些國家獲得大學學位，例如，不懂瑞典文就可以從瑞典的大學畢業。

最後，在這些英語最流利的國家，大部分的學生都會在求學階段出國旅行或進修，有的到美國或其他說英語的國家，有的到當地學生或居民的共同語言是英語的國家。例如，瑞典學生在德國讀書可能會用英語和德國人交談。所以在日常生活中，講英語的機會很多，也非常必要。

委員會發現其他精通英語的國家，包括比利時、愛沙尼亞、匈牙利、德國、波蘭、新加坡、馬來西亞、斯洛維尼亞、拉脫維亞、阿根廷、羅馬尼亞和瑞士，都和那些英語最流利的國家有一些共同的特性。雖然（除了比利時以外）它們看英文的電影與電視節目時並不是原音播放配字幕，但他們確實非常重視老師教英文的時候要講英文，而且他們的學生也會赴世界各地旅行。

委員會對新加坡、馬來西亞和印度的例子特別感興趣，因為這些亞洲國家的母語與英文完全不同，他們的文化也與西方文化大相徑庭，彼此之間南轅北轍。當然，這些國家在歷史上都曾經是大英帝國的一部分，但其他國家，例如緬甸和南非，也曾經是大英帝國的一部分，英語卻沒那麼好。然而，所有精通英語的國家全部把都英語列為官方語言。因此，新加坡的官方語言包括英文、馬來文和中文。印度的官方語言是英語、印度語（Hindi）與少數其他語言。這也就表示所有官方文件和聲明均必須以英文公告，老百姓與政府機關之間的互動也必須可以說英文，而且國內媒體至少會有一部分用英文出版和播放。事實上，這些都是種族、宗教和語言多元的國家，而英語已經成為他們的通用語言。尤其是英語已經是這些國家的商業語言，事實上，大多數國家都是如此，因為世界經濟已經日益全球化和整合。

委員會發現韓國的英語教育方式非常有趣。二十世紀上半葉，大多數韓國人甚至還無法用自己的語言閱讀或寫作，更別說外語了。從一九四〇年代末開始，韓國展開大規模的掃盲和教育追趕，讓韓國在國際教育競賽名列前茅，韓國學生有七〇%以上進入大學，遠遠超過其他國家。至於學英語，韓國早就知道英語能力是全球企業競爭的關鍵，所以竭盡所能改善家中的英語教學，並且盡可能讓學生在海外求學一段時間。。因此，韓國海外留學的人數大大成長，從一九六〇年代幾乎沒有留學生，到了二〇一三年已經成長到二十五萬人。事實上，韓國人急著想讓孩子說一口流利的英語，所以母親常帶著小孩一起搬到澳洲、紐西蘭或美國求學，而父親留在韓國工作。韓國也不是唯一這樣做的國家。到了二〇一三年，中國每年在美國、英國、澳洲、加拿大與紐西蘭大學的留學生已經達到三十五萬人。這和日本形成的鮮明對比，日本留學海外的學生人數急遽下降，從二〇〇四年的八二九四五人下降到二〇一〇年的五八〇六〇人。其他國家確實愈來愈全球化，但日本卻是往國內縮。

事實上，委員會裡頭有個美國人，他曾長期擔任美國對日的貿易談判代表，任命他的目的是希望替委員會的工作帶來外部的觀點。他也曾經在韓國以及亞洲、歐洲和拉丁美洲等地有豐富的經驗。他點出因為韓國強調英語還有到國外留學一段時間，所以比起日本人，韓國人與韓國的企業不僅與外國人有更好的互動，整合外國人的情況也比日本好。例如，三星可以輕易引進美國的工程師與高階主管到首爾的研發與行銷團隊。另外，受過教育的韓國人熱衷於閱讀英文新聞與技術期刊，也可以輕鬆和其他國家的人交換意見。他們可以在新的市場與新的組織輕鬆建立聯繫與關係。這一切的後果隨著日本在全球重要產業丟掉領先地位變得相當明顯，松下、日產、豐田、日本電氣（NEC）、索尼和東芝這樣的公司發現愈來愈難和韓國的對手競爭。正是這種現象促使樂天創始人兼執行長三木谷浩史在二〇一二年的著作《英語化》（*Takaga Eigo* たかが英語）中發出警告，他向日本同胞傳達二十一世紀生活的可怕事實，他指出各種類型的競爭，特別是經濟競爭都愈來愈全球化。為了更有競爭力，企業不只需要僱用一流的日本員工，還必須找到全球最好的人才。他們不但要開發日本最好的想法，更要開發全球最棒的觀念。他指出日本的人口在萎縮，而且日本在全球經濟中的比重也在萎縮。因此，為了保持活力，日本公司必須做更多海外生意。如果他們想要在國外市場攻城掠地，日本的高階主管就必須有很好的英語能力。三木谷進一步解釋日本過去能在全球市場成功出口，靠的是有能力提供優質的產品。因此，產品是日本人與客戶互動的主要介面，而商品的質量好、設計好、交貨快捷靠的是事實說話。但未來的經濟以服務為導向，而服務業並不像商品如此容易解釋。服務必須透過更多的人際互動來了解與維持。因此在全球層次，需要的英語能力比日本現在所具備的英語能力要更強也更普遍。

三木谷在書中以自己的公司經驗為例，說明可以做且應該做的事情。他詳細描述二十一世紀前幾年樂天如何採用英語作為公司內部的語言，甚至是企業內部只有日本員工溝通與簡報時也都講英語。他說明自己的公司如何訓練員工的英語，並且在兩年內讓他們的多益分數跨過四七〇分的門檻。他在書裡的結論呼籲其他公司（甚至是整個國家）都必須採取相似的行動。

英語的詛咒

雖然三木谷並沒有明說但大家都知道，日本在歷史上一直給人一種語言及文化和其他國家徹底不同且無法跨越的感覺。伴隨這種感覺而來的是，日本人強烈關切需要自己保護的日本文化與生活方式，避免接觸外來文化時受到侵蝕或污染。事實上，三木谷經常提到日本政府所建立的英語學習體系之所以不實用，實際上是為了防止日本人學得太好，而得以逃離日本的「加拉巴哥」環境。所以，在某種程度上，日語本身就被當成一種手段，防止「日本風」（Japanese way）被過去兩百多年來的西方影響所摧毀。

然而，我們愈來愈清楚，日本文化和日本風有自己可輸出和致勝的要素。壽司已經成為一道全球菜餚，卡拉OK在紐約和在東京一樣受歡迎，**看板**（*kanban*）（即時交貨）已經是全球製造業所普遍使用的英文單字。日本實際上已經是優秀品質的代名詞，而整個速食的概念也是源於日本（想想壽司、泡麵、烤馬鈴薯車），現在已經橫掃全世界（甚至包含法國）。大家普遍認為日本是一個安全的社會，社會上一切事情都會順利進行。人們一直小心翼翼地想著保護日本文化和國家風氣，避免受到十九世紀與二十世紀初西方思想和價值突然入侵所影響。但在二十一世紀所面對的挑戰不是保護，而是振興和全球化，為此，掌握英語是至關重要的一環，就像在明治時期掌握西方科學一樣。

必要措施

根據這些調查結果，委員會提出了一系列建議，目標是在本世紀中日本的英語水平能和德國一樣。他們選擇德國是因為它和日本一樣是先進大國，英語能力的程度很好，但還不到望塵莫及。日本似乎不太可能趕上北歐國家的英語水平，但或許可以接近德國人的程度。

首先是讓日本全部的英語老師都參加多益或托福考試。只有那些分數達到四七〇分以上英語能力好的人才能繼續教英文。不及格的老師要提前退休，或是接受密集培訓，要在一年之將分數提高到四七〇以上。為了填補退休教師的空缺，市政府招募曾住在或曾留學海外說英語環境中的日本人，派他們到當地的學校協助教學。這次招募是受到日本經濟團體聯合會（Keidanren，經團連）和日本貿易振興機構（JETRO）等與日僑有廣泛聯繫的團體所協助。

同時，日本交流教學（JET）也重新恢復活力，不但帶來數千個以母語為英語的大學畢業生到日本擔任助教，還從英語國家帶來大批符合資格的專業英語教師。另外，學校與學生普遍都可以取得線上英語的教學課程，所以他們可以利用世界各地都有的資源以及英語為母語的人才。日本要修改學校課程，讓幼稚園開始簡單的英語教學，並且一路持續到小學、中學與高中整整十二年的教育。線上的教學計劃也讓學生可以隨時隨地多上點英語。在國內和國際基金會的補助之下，每一位高中的日本學生都有機會赴海外的英語中學讀一年書。無論學生是否善用此機會，他們高中的畢業條件是達到多益考試的一定標準。

在企業界，政府要求每一家百人以上的公司要推出五年計劃，讓英語成為公司溝通的語言，政府也訂立目標在二〇二〇年前要使百人以上的企業用英語進行大部分的日常業務。同樣地，內閣與其他日本政府機關也收到指示要落實同樣的措施。流利的英語也成為在日本官僚機構中取得工作的要件。

隨著二〇二〇年東京奧運會的逼近，需要更好的英文能力才能辦好賽事的情況愈來愈明顯，二〇二五年之前也會立法將英語變成日本的官方語言。這表示所有出版品、表格、公共標誌和其他官方聲明都要有英語和日語兩個版本。這也意味著國會和其他官方活動的演講，可以用英文或者日文來進行。大學需要開更多英語授課的課程，目標是二〇二五年學生可以上英語或日語授課的課程就能拿到學位。這是模仿別府市立命館亞洲太平洋大學（Ritsumeikan University），該校從二〇一三年就已經提供這樣的機會，鼓勵外國學生入學，並且和那些用英語從事研究的日本學生一起在日本的大學攻讀學位。

或許，委員會最具革命性的建議是播放電視節目、電影、廣播或網路作品時不要再配音，而是效仿荷蘭和北歐只打上日文字幕。因此，日本節目會有英文字幕而英語節目會有日文字幕。如此一來，日本的觀眾就像荷蘭和北歐國家的人，將以最容易消化的方式不間斷地吸收英語。

事情要上軌道還要一段時間，不只是因為一開始欠缺大量翻譯和字幕上稿人員。但是，自動翻譯的進展大有幫助，而且到了二〇二〇年代初，大多數日本人在海外旅行時都覺得理解與溝通無礙。因此，日本在海外旅行和長住的人數急速上升。同時，不講日語的人也幾乎可以到日本各地旅行，並且藉著閱讀字幕和收聽日本媒體全面了解正在發生的事。

英語的意外之福

到了二〇三〇年，日本已經朝一個完全雙語的國家邁出一大步，而且這產生令人意想不到與革命性的效果，最明顯的就是日本政府的官僚體系、國會和整個日本的治理。

日本官僚一直有很大的裁量權。這是因為傳統的治理哲學認為，凡是沒有特別同意的事都不能做，迫使公民要不斷請求許可。這種思維與美國和英國的體制形成對比，這些國家認為除非法律特別禁止否則無須經過許可。日本的官僚也相當強大，因為日本的法律往往由官僚機構制訂，而且他們先草擬出廣義的條款，之後當然是由這些官僚體系來寫出具體的法令。官僚主義的權力來源有一部分也是因為日本民眾傳統上不會質疑國會議員以及官僚：日語不冒犯人的曖昧原則，以及其中所蘊含的儒家禮教，禁止卑微的公民向地位高的國會議員及官僚提出質疑。這些官僚也受外部壓力的影響，因為大部分外國人都不明白也無法閱讀日本過時與複雜的法條及法律文件。事實上，許多日本人抱怨就連他們都無法充分理解法律用語。

到了二〇四〇年，英文已經普及，並要求所有的法律與規定都必須有英文版，因此情況已經完全改觀。當時國會議員希望用直接而非衝突的方式講話，有時候就用英語辯論及質詢。老百姓與記者也一樣，外國人當然也如此。因為領袖現在都以英語辯論與演講，所以比較容易指出不合邏輯的主張以及模糊恣意的決定。現在，政治人物與官僚都無處隱藏。

更廣泛地說，日本社會的變化驚人。日本領袖在國際會議的討論和演講中變得非常精練。日本參加全球辯論比賽的人數變得很多，而且經常奪得桂冠。日本人在學術期刊與文章上獲得更多引用。日本首相在二十國峰會以及與七大工業國會議變成要角；日本成為聯合國安理會的常任理事國，日本人也開始在各大國際組織顯現崢嶸。

普遍使用英語有助於讓談生意變得更坦然並更有成果，日本境內與日本和其他國家之間的商業合作如一些委員所預期，釋放出意想不到的創新及成長。另外，一切正如預料，日本作家、老師、記者、運動員、醫生、藝人等都在全球市場找到一展長才的機會。

這一切都為日本帶來大量的現金投資，有助於填補國庫和私人賬戶。由於日本的制度實力雄厚，公開透明的制度，加上外幣自由轉換，因此東京超越香港與新加坡，成為亞洲金融的主要樞紐，就像倫敦是歐洲的金融中心。

既然英語已經成為日本正式商業活動可行的溝通媒介，對日本醫療服務的需求自然爆增。日本的醫療體系被譽是世界上最好的醫療體系之一，日本也以人民的長壽聞名。但是，醫療就像金融，語言和溝通上的困難一直阻止外國人在日本尋求治療，也讓日本人無法提供醫療服務。但是現在，大城市裡多年來因過度建設且明顯使用不足的精密醫療設施需求旺盛。長期以來，所謂的醫療遊客（到外國尋求治療的病人）一直是前往新加坡、曼谷、新德里和班加羅爾等亞洲中心旅行。現在，隨著這些病患逐漸湧入日本求醫，這些城市遇到患者銳減的問題。另外，學生和執業醫生也一樣：日本的醫學院校突然充斥著來自世界各地的學生，他們下定決心要從世界一流的日本大學獲得醫學學位。日本憑藉著卓越的實驗室、技術人員、高速通訊和其他支援設施，許多世界領先的醫生和醫學專家將他們的業務和總部搬到日本。

一般而言，銀行家和醫生的真實情況也是科學研究人員的情況。自從一九九〇年代中期，日本每年花在研發上的預算超過國內生產總值的三%，對於科學與工程的支持在世界上排名前二或前三。儘管投資驚人，但日本的收益相對較差。然而，隨著英語能力的提高，情況已經丕變。全球各大公司紛紛在日本設立實驗室，日本和外國研究人員共同撰寫的科學論文數量飆升，日本的全球專利申請以及其他科學和工程活動的指標也一樣迅速爬升。

飲食方面的情況也是一樣。日本永遠是廚藝精湛的代表，無疑是全球美食家公認的聖地。凡是有點自知之明的廚師都會到日本學藝一段期間，任何想獲得世界認可的餐廳，廚房裡勢必有受過日本訓練的廚師。

如前一章所述，日本採取了一套有規範但更開放的移民政策，甚至開始招募其他國家的特殊人才。如果沒有英語化政策，一切都是空談。這不僅促進人才的招募，而且有許多因教育、醫療、商業等原因而來的移民，最後會因為舒適的生活環境而定居日本。他們之中有許多人的另一半都是日本人，生了孩子，由於舊的「戶籍」家庭登記制度已經廢除，並且實施新的規定（見第四章），這些人獲得日本的公民身份，同時成為新一波人口移動的一環。

儘管長期以來日本人擔心文化可能會遭到外力摧毀，但日本發現英文不但是捍衛自身文化的工具，也是日本文化走向全球的手段，至少有助於促進其他社會的片面「日本化」。英語不是一項威脅，而是日本和日本文化生存、振興和再度成功的關鍵。英語不是詛咒，它變成一種祝福。

第六章 創新國

當你戴上竹內企業（Takeuchi）的眼鏡看報紙，那麼多有關創投、新創公司與企業家的報導讓你目瞪口呆。你當然早就知道日本已成為創新者與新技術開發的中心，但真的身處此地會讓你有完全不同的感受。你不斷對周遭的創新事物感到驚奇，從飯店為您開門以及把您帶進智慧型計程車的機器人，再到飯店房間感應您的影像而自動開門的方式。但是每天在新聞報導的企業創新活動，就如同你所見到的技術創新一樣，全都讓你非常吃驚。這真的是那個不久之前才說每個人最不想做的事就是創業的國家嗎？那裡幾乎沒有人創業？過去的規則是棒打出頭鳥？你內心難免納悶，這一切是如何發生的呢？

好吧！我要說一件事，二〇一三年初，首相安倍在演講中呼籲，日本要成為世界上「最適宜創新的國家」（most innovation-friendly nation），並宣布推行強而有力的管制革新，打造一個能吸引世界各地研究人才到日本工作的研究環境。這是遵循韓國在二

知識對於韓國經濟長期發展的效應（1960-2005）

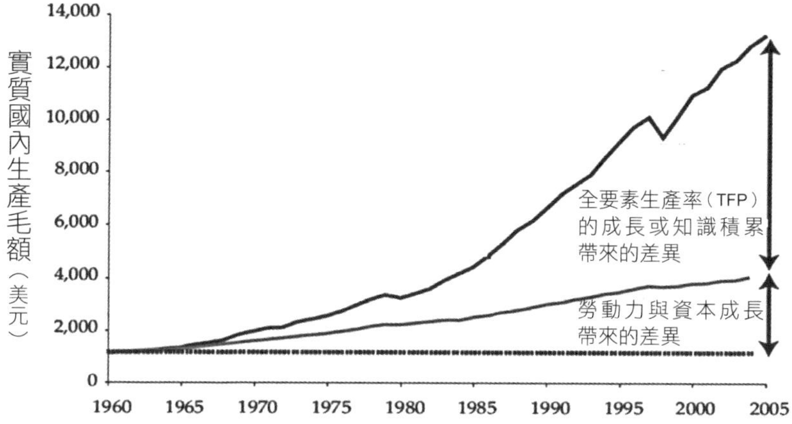

資料來源：Source: Joonghae Suh and Derek H.C. Chen. "Korea as a Knowledge Economy: Evolutionary Process and Lessons Learned." Korea Development Institute and the World Bank Institute, 2007.

〇〇七年宣布的類似政策，當時世界銀行研究院（World Bank Institute）與韓國發展研究院（South Korean Institute）已經描繪出知識、技術與創新對韓國國內生產毛額的影響（如下圖所示）。他們的結論是知識對韓國經濟成長的影響幾乎呈幾何倍增。

面對人口老化、出生率低以及中國、新加坡、台灣、芬蘭、瑞典與越南等國家的競爭，韓國知道唯有知識和創新才能維持並提高生活水平。假如這對於當時仍然擁有相對便宜的勞動力，以及有可能獲得朝鮮廉價勞力的韓國是真實的情況，對於薪資與生活成本有如天價的日本來說更是真理。當然，首相安倍在二〇一三年發表那場演講時已經感受到這點。但新的特別國家振興委員講得說得更是斬釘截鐵，委員們一致同意加速日本創新乃僅次於翻轉日本人口趨勢的第二要務，強調創新加速的重要性不亞於婦女角色的改變。

黃金時代

對許多人來說，這是一個令人驚訝的結論。畢竟，日本在廣大的技術與企業領域中已經是公認的全球領先者。二〇一四年巴特爾研究所（Battelle Institute）研發資助預測報告（見140頁）將日本列為汽車、資訊通訊和儀器電子技術的第二名；而在納米材料、複合材料、環境與永續技術發展排名第三；衛生保健、生命科學和能源技術方面排名第四；商業航空與非汽車的運輸技術排名第五。

另外，根據歐洲委員會產業研發投資二〇一三年得分排行榜（European Commission's Industrial R&D Investment Scoreboard of 2013），全世界前五十名投資研發的公司，日本佔了十一間。相比之下，人口和國內生產總值幾乎是日本三倍的美國佔十九間；人口是日本四倍以上、國內生產毛額是日本三倍以上的歐盟佔十八間公司。事實上，根據經濟合作暨發展組織的統計，日本研發總支出佔國內生產毛額的三．三九%，排名世界第三，僅次於以色列的四．三八%與韓國的四．〇三%。反觀，美國的研發支出只佔國內生產毛額的二．七七%，而中國此數字約為二%（儘管這已經比前幾年增長了一%）。針對每一名科學家和工程師的支出，日本世界排名第三，僅次於芬蘭和瑞典。日本在這方面超越美國、韓國、中國和歐洲所有研發密集的大國。如果考慮到上述事實，我們或許可以說日本事實上是世界上技術最密集的國家。

全球研究人員對於各國研發支出的看法（根據研究／技術領域）

	1	2	3	4	5
農業與食品生產	美國	中國	德國	巴西	澳洲
汽車與機動車	德國	日本	美國	中國	韓國
航空、鐵路與其他非汽車的交通	美國	法國	德國	中國	日本
軍事航太、國防與安全技術	美國	俄羅斯	中國	以色列	英國
混合、奈米科技與其他先進材料	美國	德國	日本	中國	英國
能源生產與效率	德國	美國	中國	日本	丹麥
環境與永續	德國	美國	日本	瑞典	英國
健康、醫療、生命科學與生物科技	美國	英國	德國	日本	中國
資訊與通訊	美國	日本	中國	德國	韓國
工具與非資訊電子	美國	日本	德國	中國	英國

二〇一四 Global R&D Funding Forecast, December 二〇一四, p. 34. "Global Researcher Views of Leading Countries in R&D by Research/Technology Area."

資料來源：Battelle/R&D Magazine 二〇一四 Global R&D Funding Forecast.

這種強大的表現絕非偶然。首先，日本人天生就是世界上最有創意的民族之一，設計方面對實用感很敏銳而且帶有精緻幽雅的風格。只要想想日本的酒保（他們獨一無二的工具已經風行世界各地）調酒，或者看日本建築公司拆除老舊的大廈就足以感受到這一點。日本從很久以前就懂得在天生的創意上增添從國外引進的先進技術，並針對日本人的使用習慣進行技術改良，再將修改過的產品出口到國外。日本在十六世紀時引進中國的文字，但將中文與本地的假名音節結合，創造出屬於自己更靈活也更容易學習的文字系統。一八六八年明治維新與第二次大戰期間，日本賣力引進、掌握、改良和修正西方的技術和工業訣竅。後來，人們往往忘記戰爭初始，當時的三菱零式戰機（Mitsubishi Zero）是世界上最好的戰機，而大和號（Yamato）是最先進的戰艦。日本在第二次世界大戰爆發前就已經不再是發展中國家。

戰爭是有史以來最大的破壞，導致前所未見的苦難。但隨著日軍戰敗以及美軍七年的佔領，日本也出現了兩個正面的現象。第一個是社會和商業結構的開放。年紀較輕的人可以憑著才能快速晉升，因為在戰後的環境之中，人才需求遠比年資和關係更為重要。企業家也是如此，承平時期他們可能會猶豫是否要冒上金融風險嘗試創業，但是到了戰後創業其實沒有什麼好損失的。同時，舊的商業活動比較願意面對新的業務，因為原先的供應商已經消失，或者不再有足夠的能力滿足需求。因此，一九四五年戰爭結束後的二十年之間，好幾家公司，像是索尼、本田、京瓷株式會社（Kyocera）和其他公司紛紛創立並且接連成功。

第二個正面現象是從十九世紀末開始的重生與增強，當時政府與產業界聯合起來在世界各地搜尋技術讓日本趕上西方。二次世界大戰之後，這股驅動力因為日本想要從破壞中恢復，並接收美國技術與工業發展及整體生活水準，因此延續了下來。日本從基礎工業開始，例如鋼鐵、紡織、造船、化工、機械等，迅速吸收最新的技術，重新建立系統以便有效運用。如此一來，日本以低成本快速實現世界一流的生產力，並且重新征服以前主導的世界市場，同時打入各種新的市場。到了一九六〇年代，國家整體研發總支出佔國內生產總值的比例已經翻倍，技術發展大力推動生產力快速提升、收入增長並且在關鍵產業有世界級的競爭力。這是日本的研發機器真正火力全開的時期。比方說，索尼、日立、東芝和其他公司進入全球，並迅速宰制全球的收音機、相機、錄音設備和音響設備的市場。然後他們投入電視機的生產，很快就取代美國和歐洲的大廠。日本製造商從消費電子轉移，開始主導機械工具、半導體、半導體生產設備、陶瓷和其他許多領域。簡言之，日本似乎在產業與技術上所向披靡。

這段期間有一件很重要的事實是日本的發展，尤其是生產力的增長和美國研發的產出密不可分，美國的研發支撐了日本的創新，讓日本迅速在各個高科技產業中變得更有競爭力。日本公司將外國技術商業化的發展效益，也就是一種逆向工程（reverse engineering）的技巧，受到各方的研究與欽佩。事實上，當時針對十六個主要工業國家的調查報告中指出，日本在這方面的能力排名第一。但日本公司並不僅僅是依賴逆向工程。他們也加上重要的改良，例如更好的設計以及讓產品做到最小，後者讓日本實現電晶體收音機等產品。日本廠商也很重視設計以促進更有效率的製造方式，這個步驟讓它們商業化的過程遠比美國那些公司更有效率。因此，到了二十世紀末，日本從全球研發過程中把新產品與生產過程快速商業化的能力無人能及，也讓日本高科技公司在各個全球市場的市佔率不斷提高，並且佔據主導地位。

然後一切都改變了

一九九〇年，全球十大電子公司有七家來自日本。到了二〇一二年，只有兩間日本企業仍名列前茅。第一名已經由韓國三星取代，其次是美國的蘋果公司和谷歌，然後是台灣的富士康（鴻海）。特別引人注目的是蘋果，蘋果公司在一九八〇年代如日中天，卻在一九九〇年代初瀕臨破產，而谷歌在一九九八年還只是兩個大學生腦中的一個想法而已。他們突然竄升到全球電子企業的龍頭，說明了創新速度能夠釋放美國變遷與無與倫比的力量來培育變革與公司。

日本在各個領域喪失領導地位影響深遠。一切彷彿過去日本半導體製造商取代美國的競爭對手，韓國與台灣的廠商也正在取代日本的廠商，而中國亦逐步加入戰局。令人驚訝的是，荷蘭公司艾司摩爾（ASML）迎頭趕上，成為生產關鍵半導體設備的領導者。日本汽車工業同樣失去往日雄風。雖然豐田的實力依然領先，但排名第二的日產卻陷入困境，不得不在一九九〇年代靠雷諾公司紓困。那些日本產業界習以為常的熱賣產品，像早期電晶體收音機、彩色電視機和索尼的隨身聽等已不復見，日本在許多產業的市佔率開始流失。

日本企業很慢才了解網際網路的重要性。隨著新一代以網路設備為主的公司出頭，如思科（Cisco）、瞻博網路（Juniper Networks）和華為（Huawei），日本企業在這一波發展卻不見蹤影，值得讓人關注。同時，中國在許多核心電腦與資訊科技迅速發展，中國公司的資訊科技網路能力世界一流，遠遠勝過日本那些零散且只關注國內市場的網絡設備供應商。

為了挽回日本所處的頹勢，企業和政府領袖在一九九〇年代末與二〇〇〇年代初將全國的研發費用加倍。但是，投入的經費愈多，情況卻變得越糟。舉例來說，雖然軟體不可阻擋地取得關鍵地位，但在面對微軟、SAP、甲骨文（Oracle）與其他競爭對手時，日本企業仍然是一個處於邊緣的競爭者。由於軟體是一種能夠帶來權利的技術（enabling technology），因此軟體發展不足會拖累其他產業。以電子書閱讀器為例，日本電子閱讀器的技術基本上可以媲美亞馬遜。但日本製造商內建的軟體搜尋能力相當有限，因此亞馬遜的 **Kindle** 搶下大部分江山。日本企業不打算開發蘋果 **iPad** 和 **iPhone** 之類的產品，也不想與之在此市場競爭，或者是開發像谷歌安卓這種替代的作業系統，安卓迅速成為全球大部分智慧型手機的作業系統，而韓國三星也以此為跳板，一躍成為智慧型手機的龍頭。

日本領導者最棘手的問題或許在於他們缺乏這類完全創新的產品。二〇一三年，世界前五十名的研發公司有許多日本企業名列其中，但在這份頂尖的研發公名單中，沒有任何一家日本企業的銷售翻倍。銷售量倍增的公司有八家來自美國，像谷歌、蘋果、亞馬遜和卡特彼勒（Caterpillar）。其他包括中國的華為、巴西的淡水河谷（Vale）、德國的大陸（Continental）（汽車零件）和丹麥的藥廠諾和諾德（Novo Nordisk）。如果看看歐盟工業研發投資報告排行版（EU Industrial R&D Investment Scoreboard），其中有二一%是日本公司。但是，如果查看高績效公司的名單（年均增長率為八%以及研發支出超過銷售額的二%），只有二%是日本公司，前五十名之中沒有日本品牌。當然，我們可以預期有些日本企業會失去動能，這是全日本公司共同的現象。但是，缺乏新進者取代那些步履蹣跚的公司實在令人相當困擾。

即使日本政府的研發支出倍增，但日本的創新明顯於一九九〇年代初期開始放慢速度。創新減緩的部分原因是創新的好處普遍減少，這種現象在歐洲與美國也可以觀察得到。但是就算考量到整體的負面趨勢，日本創新減緩的問題仍是出乎意料之外的嚴重。委員會很快就看到底線，也就是日本花大錢投入研發根本沒有任何回報。

有些事不管用了

這個問題有個簡單的答案，受到高估的日元破壞了日本的競爭力。事實上，大眾對此的認知並非完全錯誤。從一九九〇年代中期開始，日圓一直是一個相對強勢的貨幣，當日本政府大幅降低對貨幣市場的干預，中國、韓國、台灣、新加坡和其他國家則是小心翼翼地控管自身貨幣的匯率，維持出口的競爭力。大家比較少提到但是和貨幣政策間接相關的是，政府與產業之間的協調及合作來達成競爭力這個更大的問題。

雖然傳統上，日本政府與企業的緊密連結依然被西方通稱為日本式企業（Japan Inc.），但真相是一九九二年日本大型資產泡沫破滅以來，大部分的政企關係已經成為過去。然而，亞洲四小龍和中國都繼續模仿傳統的日本式企業。毫無疑問，這一部分解釋了日本科技公司大膽的計畫與投資，為何比它在亞洲的許多競爭對手還少。

但是，還有其他更引人注目的解釋。在一九六〇、一九七〇和一九八〇年代，日本一直是亞洲唯一有技術能力的國家，但進入九〇年代，韓國、台灣、中國，甚至是印度已經興起，慢慢成為世界一流的競爭對手。中國的研發支出一直成長，多年來每年增長近三〇％，到了二〇一〇年已經超過日本，僅次於美國，預計在二〇二二年也會超越美國。所以，中國已成為全球技術競爭的要角。中國公司，例如中興（ZTE）、中石油、華為等等，現在已經成為世界技術發展領先的投資者之一。韓國也名列前茅。根據歐盟報告，三星電子和樂金都是全球前五十名的研發公司，而印度和台灣也以研發支出的快速增長而備受矚目。此外，兩家台灣公司和兩家印度公司都被歐盟的排行榜列為二〇〇二至二〇一一年全球前五十名的高績效公司。

這些發展的重要性，可以從三星和日本對手對於一九九〇年代末亞洲金融危機的不同反應獲得充分說明，如下圖所示。二十世紀末市場衰退之際，三星繼續投資，而競爭對手日本卻猶豫不決。這種循環十多年來一再上演，三星充滿雄心壯志，而日本公司卻保守不前，一直到三星把日本公司拉下半導體、個人電腦與電視機的領導地位，最後再讓日本淪為全球智慧型手機市場的邊緣玩家。

當然，亞洲新的競爭者，尤其是中國，得利於自身廉價的勞動力，但它們不完全

三星與五家日本公司針對半導體的相關投資

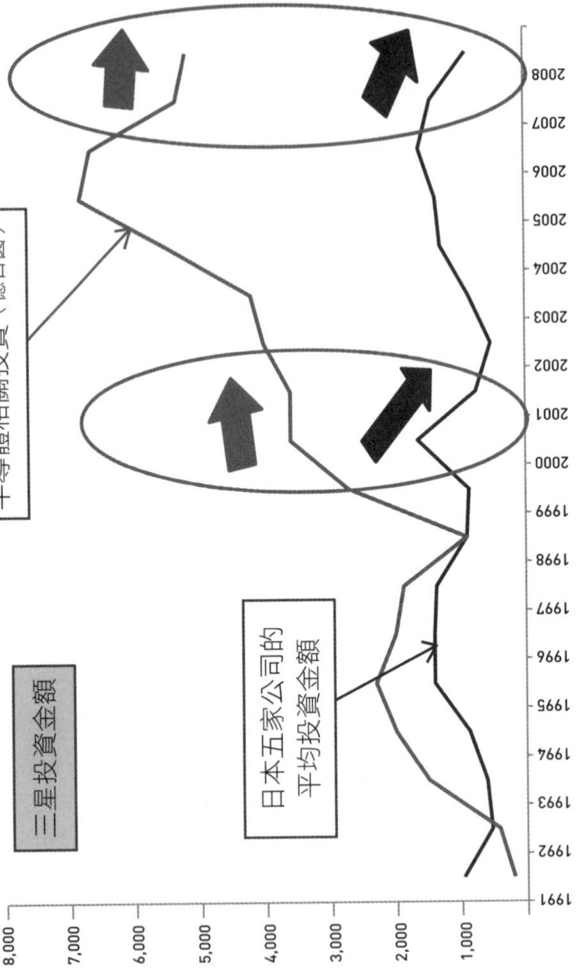

資料來源：Commerce and Information Policy Bureau, Ministry of Economy, Trade, and Industry (METI). Economics of Information and Innovation Strategy, May 2010; Mitsubishi UFJ Research & Consulting, Research on International Dissemination of IT Industry in Social Systems.

靠成本勝出，也靠著先進技術的基礎取得優勢。這些亞洲競爭者咄咄逼人，使得日本人在決定如何拿出超前（winning）、優質、精密以及低成本的產品進入新市場之前，完全沒有時間觀望並仔細評估最新技術的走向。韓國、台灣和中國等競爭對手勇於冒險，並且進行許多前瞻性（first-mover）的投資，在全球高科技市場中攻城掠地，而日本企業則被排除以及驅逐在外，只能搶奪國內市場的市佔率。即使在曾經相當穩定的根據地，強大的外國公司現在逐漸嶄露頭角，並奪下日本人的長期要塞。日本現在發現中國和亞洲四小龍已經採取日本的商業手段，並以此為基礎加以改進，正如日本過去採取美國的方法並加以改良一樣。

亞洲的發展尚有一件同樣重要的事，美國從一九七〇至一九九〇年在技術上遭到日本擊敗之後，展現東山再起的氣勢，例如生物技術、納米技術和雲端計算等領域，一九七〇年代都還只有概念，現在則明顯由美國公司主導。雖然日本大部分半導體產業瀕臨破產，市佔率拱手讓給韓國與台灣的製造商，美國廠商則是主宰了手機處理器和其他關鍵市場。巴特爾研究所列出二〇一二年的十大關鍵技術領域之中，美國佔八項名列第一。歐盟世界前五十名的高績效研發公司排行榜，有三十三家是美國公司。巴特爾研究所二〇一二年列出的名單之中，十二家大型研發公司的銷售額在過去十年中增長了一〇〇%以上，其中有八家是美國公司。

除了全球競爭對手的數目增加之外，日本所遭遇的問題還包括研發投資往往集中在相對少數的幾個製造部門以及少數幾家公司。由全球來看，一九九五年到二〇一四年之間，投入研發最多的部門一直是製藥業與生物科技、技術硬體與設備、汽車與汽車零件、軟體與電腦服務以及電子與電子設備。雖然日本在汽車與電器部門表現強勁，但在醫藥、生物科技、軟體與電腦服務的投資卻少了很多。日本長期以來都有**造物**（*monozukuri*）文化，推崇硬體的生產而不是服務和軟體。戰後，日本專注於製造產品出口，競爭力主要依賴少數幾家大廠，這些公司聘用了大部分的日本技術人員，而且由於終生雇用制，可以將這些技術人員綁在公司三、四十年之久。

但是，隨著一九九〇年代世界的變化，日本的體制顯得缺乏彈性。其有一部份是日本以產業為中心的研發投資結構。日本政府的支出只佔全國研發支出的二〇％左右，其餘都由大公司支出。這與美國和其他技術領先的國家截然不同，那些國家的政府佔全國研發支出的三分之一到二分之一。因此日本根本比不上美國國家衛生研究所（National Institute of Health），政府花在這個單位的投資幾乎就佔全球生物技術研究總支出的一半，也比不上美國國家航空航天局（NASA）或是軍事研發機構。日本也不像美國或是芬蘭和瑞典等國在政府與大學之間有廣泛的網絡。可以確定的是，日本大學做了許多有趣的研究，但和美國或其他國家在政企協調的脈絡中作研究的情況不同。此外，由於終生雇用制以及在日本創業要承受高風險，所以日本並沒有刺激新創公司的傳統與制度。因此，研發資助高度偏重於已經確立地位且在過去給日本帶來好處的部門。在這些部門之中，少數幾家公司，包括豐田、索尼、日立、日產、松下、富士與東芝，佔了技術研發的大部分活動。這種結構不僅是把資源導向比較舊、進展緩慢的技術，還往往限制日本參與快速擴展的新技術。

同時，由於日本企業做出重大決策之前必須先達成廣泛的共識，加上一九九二年金融泡沫破滅的衝擊，以及產業與政府之間的合作煙消雲散，使得領先的公司對研發有所顧忌。為了避免承擔過多風險，這些公司主要在關注「我也有」（me-too）之類的產品緩慢發展，而非突破創新。再者，大公司裡各種計畫通常必須符合其他相關部門的需求，而不是滿足一般市場的需求。另外，日本公司的能力一直在衰退，包括與政府重要部門的合作，找遍全世界並搶在競爭對手之前將有前景的新想法加以商業化。因此，日本最大的公司並不是開發自身大規模的研發投資，而是抑制研發。

輕視服務與軟體也成為一大阻礙。日本的金融、運輸、零售以及其他服務業的生產力在經濟合作暨發展組織之中名列末位。尤其明顯的是通信與資訊科技部門的表現很差，沒有日本的谷歌、沒有日本的 iOS 或安卓作業系統，即使想到硬體，也沒有日本的華為或中興。日本的通信和資訊科技（CIT）部門根本就不像美國或其他國家的CIT部門，完全沒有實現生產力的提升。根據經濟合作暨發展組織的報告顯示，日本在CIT的創新率（表現出一定創新程度的企業數量）僅有美國與一些歐洲國家的五分之一。

雖然全球軟體解決方案在網路時代成為根本，但僅有少數日本公司處於前沿。許多問題都是源於日本長期以來在此領域的結構漏洞。全球各家獨立的軟體開發商之中，日本僅是個配角。雖然日本在一些領域，例如汽車產業，無須國內有強大的軟體能力還是可以蓬勃發展，但其他產業，如電子業，卻無法如此。過去幾年來，日本已經嘗試各種解決方案，包括把軟體開發外包到印度與中國，卻因為公司不願意賭上洩漏技術秘密的風險，加上文化與語言溝通的問題，所以不見成效。這裡又是一個英語能力不足的例子，英語是全球軟體業的通用語言，實實在在傷害了日本。但最大的問題是整個日本傳統產業普遍誤解成為軟體開發者的真正意涵。真正熟練的軟體開發者不只理解軟體系統以及如何編碼，他們也知道使用者的需求與商業模式。因此，他們可以提供整套（state-of-the-art）解決方案，也就是連使用者都不知道或者尚未完全理解的解決方案。雖然有一些日本公司，例如豐田，充分理解軟體開發的重要性，但大部分的公司仍然認為軟體開發只是個預先設定規格的簡單編碼者。我們必須強調，這在日本非傳統的產業如電視遊戲等並非如此，日本在電玩產業是領先者，也許因為這種產業接受有個性的員工。然而在日本大部分的產業中，忽略軟體開發是競爭工具的重要性，這給日本在數位時代的發展釀成大禍。

最後，還有大學的問題。根據美國的經驗，大學主導的研究支持先進企業的研發，已經成為全球高科技競爭力的重要元素。日本科學技術（science and technology，S&T）領域相當理解產學之間的聯繫，一九八〇年到二〇一五年之間由科學與技術委員會（Science and Technology Council）公布的許多計畫，目標都是增強大學的角色。這些計畫包括提升大學基礎建設，以及發展大學與公司研發實驗室之間進一步的聯繫。雖然這一步朝著正確的方向發展，但一切努力都因為長期的關係神聖不可侵犯（sanctity）以及牢不可破的官僚體系強烈抵抗而受到阻撓。同樣地，老教授大部分的補助往往來自同一個舊政府部門，他們資助原先所偏好的同一個計畫，但通常不會產生任何結果。在此背景下，我們必須注意到各個領域的世界一流公司已經在中國建立先進的研究機構，目的是要利用中國快速發展的大學所培養的大批高素質研究人員。二〇一三年，世界排名前五百名的大學數量，中國僅次於美國排名第二。這個數量從二〇〇三年以來已經超過兩倍，然而日本的排名則是從第四名退步到第六名。

隨著中國的大學在全球地位提升，日本大學出現兩個惱人的現象。首先，儘管日本的科學技術社群努力強化與美國大學的研究合作，但日本卻發現自己與中國大學的科學合作，隨著愈來愈多的中國科學家來到日本而增加得更快。其次，中國在科學與工程領域的研究生，已經是目前讀日本一流研究所最多的外國學生。這兩股趨勢帶來一個難題。日本日益重視以大學主導的基礎和應用研究是創新想法的來源。然而，日本在亞洲主要的競爭對手中國，涉入大學的研究卻愈來愈深，而且中國有更靈活的商業和產業結構，更能夠將新的想法轉變成新的產品和服務。過去，日本利用美國的技術基礎大大提升日本生產力。現在中國正在做相同的事情，它利用日本的技術基礎，卻沒有互惠的要素，而這正是日本與美國關係之中明確的特徵之一。因此日本面對中國正節節敗退，即使它正努力要增加與強化與美國之間的關係。

有一件重要的事可以總結日本技術的悲慘狀態與成因，那就是日本電氣公司二十一世紀前十年的急遽衰退。二十年前，日本電氣是全球最大的ＣＩＴ公司之一，先進的研發實驗室是世界最好的一間實驗室。這家公司曾經繁榮至極，還在高階主管的樓層擺上希臘雕像。但是在本世紀之交，它已經失去立足點，也開始配合日本消費者的需求做一些「我也有」的產品，而不是針對全球市場推出新產品。事實上，即便在日本，日本電氣逐漸發現自己失去競爭力，一夕之間丟掉半導體、電訊與消費電子的市佔率。因此，公司曾經處於前沿的實驗室被迫縮減了一半以上。問題不在於日本電氣對研發的支出太少，而是所有的研發支出都沒有生產出任何可以征服世界市場的新玩意。看起來實驗室不是沒有生產任何東西，就是他們生產的好點子在公司冒出不頭。但不管原因是哪一個，未來看起來並不樂觀。

破壞性技術的影響

高科技領域的積極面在於變化極快，因此能提供復甦的新機會，就算這些公司在舊的市場中已經喪失地位。二〇一三年，麥肯錫全球研究院（McKinsey Global Institute）指出有「破壞性」（disruptive）潛力的十二項技術，這意味著這些技術的發展迅速，並且有重大突破的潛力，所產生的衝擊可能會在不久的將來讓市場洗牌。技術所提供的黃金機會可以讓日本終止與逆轉高科技競爭力的衰退。好消息是這十二項技術之中，日本大約有一半以上都已經相當有競爭力，包括先進的機器人、自動汽車、下一代的基因組學（genomics）、能源儲存、3D列印、先進的材料（包括奈米科技）、石油與天然氣的探勘及恢復以及可再生能源。日本領先的高科技公司已經密切關注上述領域，原則上也完全有能力率先將這些技術變成商品與服務。另外，日本政府長期的科學與技術計畫也分別針對這十二項破壞性科技進行重大的長期投資。所以，日本似乎已經完全準備好利用（capitalize）這些研發投資。不幸地是，麥肯錫列出四項最有經濟影響力的技術分別是移動網路、知識工作的自動化、物聯網和雲端技術。日本正是這些方面的研發地位最弱，主要的原因在於要想成功打入這四個領域，必須先有內建軟體的發展能力，而日本並不擅長於此。

另外，日本公司大多難以適應破壞性的競爭環境，因為舊的公司與技術會在一波波的浪潮遭到淘汰。比方說，微處理器的霸主美英特爾發現自己要打進行動處理器的市場非常困難。同樣地，微軟在進入行動通信時也是一敗塗地。但是，這些巨人很快就被年輕、剛崛起的公司取代，所以美國在先進的資訊和通信技術方面仍然極具競爭力。這種老公司遭到新公司快速取代的現象在日本並不常見。但要在新的破壞性技術環境下殺出重圍就需要這種靈活性。在緩慢演化的研發環境中，技術趨勢方向完全錯誤的風險並不大，但是潛在的報酬也不大，而在革命性、不連續的環境之中，風險比較高，但報酬也高。日本要避免不斷衰退，技術的建置必須找出突破性的解決方案，並且發展出一種方式，勇於對前景不明的技術進行豪賭。

幸運的是，從其中三方面來看日本可以扭轉技術的下滑。首先，日本公司和研究人員在納米技術佔有很大的優勢。這一點特別有價值，從本質上來看，納米技術符合日本製造業精準、高品質的傳統。納米技術另一個很大的優勢在於它是一種帶來權利（enabling）的技術。它可以應用於醫療保健、儀器儀表、電子學（例如新的運算技巧）等諸多領域。因此，關鍵點在於日本會使用它在奈米技術的優勢，打開並進入各種產業的競爭之門。

納米技術是否成功的問題在於克服日本大多數研發機構傳統的山頭主義，將它們湊在一塊做出整合性的解決方案，這樣新的奈米技術格式就可以很快到市場上測試。日本經常遭遇到死亡之谷（Valley of Death）的現象，也就是好的想法往往在實驗室或在更大組織的內部就消逝，因為新思維與傳統的思考及做事方式並不相容，沒有辦法獲得充足的資金，順利從實驗室進入商業化。同樣地，圍繞著古典工程領域的傳統大學結構往往毫無彈性。因為文部科學省傾向於資助現有的研究人員從事傳統的科學與工程主題，而不支持真正有創新潛力從事破壞性研究的人才，進一步強化上述趨勢。

日本第二個極具潛力的領域是健康和醫藥，特別是老年福祉科技（gerontechnology），由於日本人口老化所需，所以日本在福祉科技的研究相當進步。這些領域跟納米技術有潛力可以發揮綜合效應，例如用於治療癌症的標靶藥物投藥。同樣地，納米技術也可以為日本相對較弱的生物技術打開一條康莊大道，讓奈米科技應用於再生醫學（regenerative medicine）。多年來，日本大學在科學方面相對較弱，迫使藥廠要靠自己的研發計畫，並且要從外國藥廠取得新藥與新設備的授權及合作。但是，新開發的成本日漸增加威脅到這些藥廠的生存。現在不只有存活下來的潛力，而且有興盛的可能。

最後，軟體方面的創新給日本保住希望。幾十年來，日本已經採取各式各樣的措施，解決它在軟體領域缺乏競爭力的缺點，但卻並沒有太多成效。但是，在二十一世紀初像谷歌安卓作業系統這種開放原始碼（open-source）的軟體出現，讓人們有機會避開微軟、甲骨文和其他軟體巨頭的專制統治，也克服了傳統企業軟體開發團隊的弱點。尤其重要的是，開放原始碼的趨勢非常適合日本軟體產業特殊的結構。雖然日本傳統的高科技公司已經發現軟體是一大障礙，但全球遊戲軟體的業務仍是由日本企業主導。開放原始碼軟體讓規模更小、非傳統的公司更有可能越過舊的障礙，大型的科技公司可以利用這些獨立開發商的才能。

因此，如果日本能將這些破壞性技術視為機會而非威脅，日本的未來就會變得光明璀璨。

因應之道

看過了所有的分析之後，委員會做了兩次背景觀察，接著提出了一項全面的行動計劃，要使日本成為一個真正適合創新的國家。第一個觀察是創新最常出現在重點大學和企業研究部門之外，例如被稱為邊緣地區的漫畫和電玩，這裡允許離經叛道者可以茁壯成長。

第二，根據著名的博斯公司（Booz & Company）所做的創新研究，並無證據顯示企業研發支出增加與創新增長之間有極為密切的相關性。博斯認為研發支出最高的企業，不一定有創新能力。因此，如果要扭轉日本衰退的創造力，並不僅僅是投入更多研發經費。事實上，情況似乎恰恰相反。如上所述，日本企業界最創新的領域乃是主流外沒有大筆研發預算的中小企業所提出。

委員會接下來提出改變日本創新和技術地位的基本行動。第一項是重申他們關於日本英語能力要更好的訴求。因為技術的語言是英語，委員會再次強調，獲得高水平的英語能力，將會明顯促進與整個高科技世界的溝通和協作。

第二個是重申他們關於移民的建議。因此，委員會呼籲至少要允許十萬名外國研究人員和軟體開發工程師來日本工作，並在日本大學任教。十年後，這個數字逐漸擴大到五十萬人，尤其要注意聘用軟體開發工程師。

第三項建議是將文科省的研發資助減少到二〇一五年水平的一〇％。文科省藉由大學研究促進創新的作法已經證明是適得其反。長期以來都努力要減少文科省的影響力，但它仍然控制了政府一半以上的科技預算。委員會提到日本必須在破壞性科技方面建立教學與研發的能力，這對國家的未來至關重要，同時要砍掉傳統計畫的經費，因為這些計畫是依靠個人與機構之間強烈的連帶來維繫。

第四項建議是根據委員會的結論，他們認為過多的研發都是在大公司進行，這培養了一種「我也有」的模仿氛圍，極少或是根本沒有真正的創新。在二〇一三至二〇一四年之間，安倍內閣導入國家所贊助的創投計畫，稱為「御宅族」（otaku），是指涉入電玩、漫畫與動畫世界緊密相關的「怪咖」，讓他們可以提出研究與商業計畫申請經費。這項計畫獲得熱烈的回應。因此，委員會根據此提案，呼籲減少大型公司研發費用的免稅扣除額，提高符合標準的中小企業課稅扣除額，只要它們的業務具有全球潛力而且與日本科技與商業發展有關連即可。如果大公司的研發部門從母公司獨立出來，並且成立獨立的科技公司，也可以提高免稅扣除額。另外，除了提高公司免稅扣除額，這些新創公司也能夠獲得低利率的創業貸款，並且在公司成立前三年可以享有一半的減稅。

第五項建議是徹底翻轉薪資制度，給年輕的科學家與工程師領大筆薪水。讓年輕人有更大的自由可以追求高風險但高獲利潛能的計畫。畢竟，這些都是在成功的非主流公司之中，年輕人已經在進行的工作。所以，這個想法主要是要鼓勵在較的大公司裡也有相同的想法與活動。隨著他們在職場上的發展，年輕人將接受績效評估；他們的薪資將會依據工作成果而維持、提高或減少。隨著時間流逝，這些年輕人逐漸變老，一般來說，他們的薪資報酬也會隨著年齡下降。

第六項建議是科學與技術委員會與經濟產業省合作建立技術監督辦公室，持續搜索全世界觀察尖端科技活動，並且比較日本在各個關鍵領域與世界領先者的差距。這個辦公室將定期公佈調查結果和比較，以便每個人都可以輕易了解日本在關鍵技術能力、市場佔有率、研究人員的數量以及各個領域支出費用的排名。

第七項建議是發展像美國國防高級研究計劃署（America's Defense Advanced Research Projects Agency, DARPA）之類的政府機構，把日本從大學、小型企業、大型公司與政府各種創新科技單位結合在一起，填補日本科技基礎的重大落差。

第八項也是最後的一項建議是政府應該傾全國之力高度重視提升日本的技術競爭力。

創新天堂

現在是二〇五〇年，日本顯然已經成為地球上最有利於創新的國家。落實委員會的建議已經徹底改造日本上個世紀的研發中心，憑著日本內在的創造力與創新力，搖身一變進入二十一世紀的嶄新模式。日本現在已成為全世界各地科學家與工程師最感興趣的地方，他們來到日本創造新奇事物，並目睹自己的點子可以在終極的實驗室，也就是世界市場，接受測試。四十年前一個模糊不清的夢想已經成真，日本正吸引世界各地的年輕、有活力的工程師、研究人員與創業家來到日本，跟日本一流的科學與工程團隊共事，學習、發明與開創令人興奮的新商業活動。

現在，日本各級研發機構有數十萬的外國軟體工程師與開發者。這有一部份是移民政策改革的直接結果，另外也是由於英語目前是日本官方第二語言並且是日本研發圈交流時的主要語言。當語言與距離不再妨礙溝通，創新隨之蓬勃發展。印度軟體開發師已經彌補了日本重要的缺陷，讓日本可以在網路與移動平台開發躍居領先。無人車的軟體就是一個例子。使用開放原始碼平台，日本工程師能夠將他們實體產品的設計能力結合印度和美國軟體開發者的才華，將原始的工程設計轉換成為軟體編碼。如此一來，設計確實能夠以編碼的方式執行，並且能輕易改變生產各式各樣的產品。世界上沒有任何一個國家有辦法以這種方式結合各種技術，並且達到如此令人難以置信的成果。

現在日本的女性在大學與企業的實驗室帶領許多重要的科學與工程計畫。過去四十年來，女性進入大學讀科學與工程科系的比例穩定增加，主要是因為友善的婦女政策。另外，目前世界排名前十的頂尖工程大學有五間在日本。這部分是由於政府提供給日本研究機構的資金，沒有幾個國家比得上。另外，日本在先進材料、3D設計與測試以及其他許多工程專業等領域的發展聲譽日增，許多全球企業決定重新在日本的大學研究中心設立實驗室。雖然中國不再是日本主要留學生的來源，現在是全世界各地的研究生湧入日本，但和中國許多研發機構的聯繫以及謹慎的監督，可以確保雙方在知識公平交流的情況下給兩國都帶來好處。

凡是意識到日本在二十一世紀初的潛能者對此都不應該感到訝異。以能源為例，二〇一五年日本每產出一美金的國內生毛額，所耗費的能源是美國的一半與歐洲的三分之二。現在，雖然歐洲、美國與中國能源生產有長足的進步，日本生產一美金的國內生產毛額，消耗的能源是中國的三分之一以及歐洲與美國的一半。這是因為日本能利用三十年前就已經排入研發的再生能源研究。

再以建築和工程為例。早在一九八〇年代，日本擁有世界上最強大的土木工程計畫。現在是二十一世紀中葉，日本建築公司已經能夠利用這項優勢，監視更老舊、毫無效率的高樓拆除作業，同時幫助美國與中東國家重建他們舊的城市，圍繞著高能源效率的摩天大樓，打造更環保、更密集的人口中心。中國與韓國的建築公司試圖要複製日本的方法，但日本產業擁有強大的智慧財產權，加上掌握了先進材料和設計的整合，令競爭對手難以逼進。

另一個例子就是現在自動車在日本各城市與高速公路之間滑行穿梭。德國和美國也大力支持無人駕駛的汽車，但經濟規模首先在日本出現，日本的都市規劃者以安全及節能為由，特別設計城市讓這些自動車可以達到最佳的使用狀態。

蓋摩天大樓以及使用自動車作為都市運輸系統的中樞，已經證明能有效解決老年人口快速增長和城市過度集中的問題。這種都市規劃是大規模的社會創新，讓日本成為一個向世界其他地方證明如何發展智慧型城市的最佳測試點。

日本對老人福祉科技的投資也有巨大的回報。中國和日本一樣都歷經人口快速老化，但不同於日本，中國老人並不健康。他們因為年年吸入污染的空氣，及飲用受污染的水，而產生龐大的醫療問題。這些年邁的中國人成為日本老人福祉科技的龐大市場。日本的醫藥公司大力靠著曾在日本大學受過教育以及曾在日本醫藥科技公司實驗室工作過的中國醫生和技術人員，進攻中國市場。

但這些只是新日本動力的少數例子。事實上，日本電氣、三井物產（Mitsui & Co）、日本鋼鐵與東芝等老恐龍日本企業，已經被新的規則和新的社會工作環境所改變。他們隨著新創公司的誕生而重生，新舊公司一起成功打造日本為世界上最有利於創新的國家。

第七章 能源自主

旅行了幾個星期之後，你開始瞭解新的日本似乎沒有人隨手關燈或是提到油價。顯然，這些超炫的（whizbang）科技與高度自動化的生活環境，也需要大量的能源，但是大小媒體都很難看到或聽到「能源」這個字眼，你所遇過或聊過的人也不曾提及。事實上，一切的討論都表明，人們多少已經將隨手可得、低成本的能源視為理所當然。

情況當然不是一直如此，反之，能源一直是日本的致命傷。由於日本擔心石油的供應問題，導致日本襲擊珍珠港，並走進衝突捲入第二次世界大戰。美日衝突之後近三十年，美國依然是世界主要石油生產國以及油價的制定者。美國維持油價相對便宜，帶動自己以及歐洲和日本等盟友的繁榮。因此，戰後經濟復甦的「日本奇蹟」是以廉價的石油為基礎的能源所驅動，儘管日本缺乏石油。舉例來說，一九五〇年，日本能源結構為五〇％煤、三三％水力發電、只有一七％石油。到了一九七〇年代，能源結構變為七七％石油、一七％煤、只有五％水力發電。但在一九七〇年，美國石油生產開始慢慢減少，改由中東石油國負責全球石油供給與制訂價格。它們組成卡特爾（石油輸出國組織，OPEC），並於一九七三年對一些國家實施石油禁運，導致「第一次石油危機」，造成油價飆上天。緊跟在一九七九年末伊朗革命之後是「第二次石油危機」，油價繼續攀升。隨著全球需求增加，供應端的生產者刻意減產，顯然日本未來的競爭力、繁榮和國家安全，全繫於開發價廉物美可由國內供應的替代能源。

日本的新模式

為了應對石油危機，日本採取多樣化的政策，從石油轉為煤炭（大部分從澳洲與美國進口）、核能與天然氣或者液態天然氣（liquefied natural gas, LNG）。日本也強調節約能源。因此接下來的三十年之內，日本國內生產總值成長三倍，但能源消耗量卻只增長了一．五倍。也是在這段期間，日本能源部門興建了四十五座核能反應爐，大部分沿著崎嶇的、有時甚至有地震活動的海岸線而蓋。結果，到了本世紀之交，石油佔日本主要能源供給的比例從原本超過七〇％，下降到大約五〇％，核能、天然氣、煤炭與再生能源從整體的三〇％上升到五〇％。核能供應整體電力需求的二五％左右，用電吃緊時則上升一％至二％。

二〇〇二年之前，能源問題與全球暖化及碳減排有關，引起人們重新重視核能，政治與行政的各個單位也都熱切地支持強力的核電產業。內閣通過了十年能源計畫，要求增三〇％的核能發電，並且到二〇一一年再設置九至十二座新核能電廠也獲得內閣支持。二〇〇四年，日本原子能產業論壇（Japan Atomic Industrial Forum）要求二氧化碳排放量減少六〇％，核能發電能力倍增，到二〇五〇年，核電廠將供應全國總電力的六〇％。二〇〇五年十月，原子能委員會重申朝向核能的政策，二〇三〇年之前核能要佔主要能源生產的三〇％至四〇％。

之後二〇一〇年發布的「戰略能源計劃」（Strategic Energy Plan, SEP）建議，二〇二〇年核能佔全國發電的比例要從三四％提高到五〇％以上，所以日本和法國一樣，電力有五〇％以上是由核能發電。這項計劃要求在現有的五十四座核子反應爐之外，至少再增加九至十五座。當然，核能不是唯一關注的重點。經濟產業省（METI）於二〇〇九年引進太陽能和其他可再生能源的政府電力躉售制度（feed-in tariff），並且繼續研究和開發甲烷水合物、生物質能、地熱能和潮汐能資源。但是重點在於短期到中期是讓核能發電實現溫室氣體減排，並且減少能源進口。

重要的是要明白這個計畫受到所謂的「日本核能搖錢樹」（Japan's Nuclear Money Tree）強烈影響。這棵樹結合了十家電力公司、核能設備製造商、核電廠營造公司、經濟產業省的監管機構，以及由這些公司及監管機構所創立與維繫的非營利型核能促進會以及基金會網絡。能源公司，也就是電力公司（EPCOs）是垂直整合的區域壟斷者（生產能源也透過自有的電網分配電力），彼此之間只有薄弱或部分連結。他們歷來實際掌控電力市場的各個環節。從一九九〇年代中葉開始，放鬆管制被視為是拆解電力公司壟斷的方式，允許發電、傳輸、分配與零售都可以競爭。一九九六年核准批發電力競標，接著其他表面上的自由化，例如一九九九由電力公司以外的其他配電公司零售電力。但這些改革並未全面進行，電力產業仍然是相當有影響力的一股政治力量，能夠在經濟產業省的監督下發展出一種明顯有別於「競爭行為」的規則，而且在實際情況下又能保留每一家電力公司基本上維持相同的市佔率。這樣做的一項重要原因是電力不可能隨時從國內的甲地輸送到乙地，也是因為電網只有稍微相互連結，另外還因為日本國內有些地區使用五〇赫茲電力，而另外有部分地區則使用六〇赫茲的電力。政府政策（強烈受到電力公司遊說的影響）有效地要求每家電力公司在其所在地實現電力自給自足，不需要與其他地區有太多串連，這或多或少也迫使日本採取核電路徑。可再生能源和替代能源的引進相當有限，因為電網互不相連，所以從發電之處（無論是北海道的太陽能發電裝置還是其他偏遠地區的傳統電廠）輸送至用電的都會區變得相當困難或不可能。

二〇一一年三月一一日，日本東北大震與後續引發的海嘯衝破核電廠的海堤（sea walls），使得上述計畫全部瓦解，而福島地區的核電廠大部分停擺。電力體系結構長期累積下來的弱點變得異常明顯。福島反應爐並未因海嘯直接跳機，而是因為東京電力公司（TEPCO）未建立和執行適當的安全措施，政府監管人員可能預想退休後再到此工作，所以選擇忽視這些漏洞。由福島輸送到東京的電力損失惡化，乃是因為配電網無法輕易把電力從電力充沛的日本西部傳送到電力極少的東京都會區。

當然，福島核災造成龐大的損失。富士通總研（The Fujitsu Research Institute）估計，單單進口石油和液化天然氣，每年要花費約四兆日元（大約是三三億美元）；最重要的是在二〇一一到二〇一四年之間，電價每年上升大約一五％。日本經濟研究中心（Japan Center for Economic Research）估計，福島災區清理的總成本高達二十五兆日元（約合二〇〇億美元），大約與一九七〇年代第一次石油危機所耗費的經濟成本相當。當所有情況加在一塊，事件立即證明即使像福島這樣的事件可能性極低，但是龐大的潛在成本需要日本徹底重新思索自身的能源戰略。事實上，福島核災引發的問題是設立特別國家振興委員會的重要原因之一，委員會對此非常關注。

目標

委員會成立之初所面臨的能源狀況極為複雜。核能似乎是日本理想的解決方案。雖然蓋核電廠必須投入大量資金，但之後的發電就是廉價、國內生產、沒有碳排，並且在各種氣候下都可以晝夜不停運轉，為整個電網提供了理想的基載電量（base load）。然而，諷刺的是，一開始為了避免日本不受外部威脅的核電，已經因為這場代價不斐的意外在無意之中演變為一場內部威脅，所以需要一整套全新的保護措施，並發展全新的能源供應。

儘管核能發電有其優點，但卻也一直有核反應爐融解、輻射外洩等各種災難風險。不論何時，核災的風險都不高。但是，如果真的發生，勢必釀成大禍。此外，只要經過一段時間，重大事故幾乎無法避免。現在，日本經歷了史上最嚴重的核能事故之一，因此對進一步增加核電廠或甚至是繼續使用現有的反應爐都變得非常謹慎。唯一且立即的替代方案是進口大量的石油、煤炭和液化天然氣，這也是日本在福島災難之後的因應之道，也因為公眾對於重新啟動核電廠的強烈反彈，政府持續關閉反應爐進行安全檢查。二〇一四年，安倍內閣順利完成安全檢查，並逐步重啟幾座反應爐。政府的計劃是盡可能讓更多反應爐回歸正常運作，同時也努力開發替代能源。然而，那一年御嶽山（Mount Ontake）爆發，加上後續的火山噴發，政府不得不重新關閉多座反應爐。另外，以色列在二〇一六年對伊朗的襲擊造成霍爾木茲海峽（Strait of Hormuz）禁航。美國海軍很快就重新開啟海峽，但對於日本而言，一切都要回到原點。隨著石油每桶飆到二〇〇美元，能源成本讓日本的工業競爭力雪上加霜，也大幅提高日本的貿易和經常帳赤字。這又迫使日本必須動用大量的儲備美金，而且靠著對外舉債一點一滴填補自己的預算赤字。同時，現有的五十四個核能發電廠代表鉅額投資。如果電廠閒置，投資的損失要讓社會付出很大的代價。另一方面，如果重新啟動電廠就要進一步承擔更多未知的意外風險，雖然未知但可能造成嚴重的後果，以及更多的禁止成本。

面對這種情況，委員會針對能源的生產與供應，重新檢視日本的關鍵目標。委員會重申，這些目標要盡最大可能達到能源獨立，同時讓能源價格能夠維持日本的經濟競爭力，並減少溫室氣體排放最後達到零排放的目標。最後，這又回到選擇的問題。委員會思考此事，不僅關注國內能源開發活動，也派代表團到國外觀察其他國家的目標，並瞭解各國的計劃如何實現目標。

法國：隨時隨地用核能

由於法國和日本在能源戰略和發展方面非常相似，巴黎自然是拜訪的第一站。日本代表團發現，法國依然堅持核能擴張計劃。車諾比和福島的意外以及二〇一一年德國決定將十七個反應爐停役已經引發辯論，法國國會甚至呼籲大幅減少對核電的依賴。但這些建議毫無作用，法國的能源政策仍然維持一九七〇年代中期以來的政策。

這項決定背後有許多因素。其中一項事實在於法國不曾爆發過嚴重的核能意外，他們也害怕反應爐停役將造成國有獨家的電廠「法國電力公司」（Électricité de France, EDF）破產，引發政府嚴重的財務問題。不僅如此，法國的發電能力有剩（相對於國內的需求），並且設計了電網，讓電力可以在電力不足與剩餘的地區之間有效輸送，不只是法國境內，也包括法國與歐洲其他大部分國家。這讓法國的電力可以大量出口。法國電力公司身為獨家壟斷的電廠，愈來愈精於在全歐洲各個電網之間平衡供給與需求。因為發電量過剩，法國電力公司也一直在尋找利用剩餘電力的新方式。因此，法國愈來愈依靠電力提供住宅暖氣，而且也力圖在二〇二〇年初之前讓兩百萬輛電動汽車上路。為了應對接下來的變化，法國計劃在未來二十五年內以智慧型技術升級電網。目前，已經開發的新再生能源缺點是缺乏靈活性，一旦沒有太陽或風，或是德國的電網有一部份停擺，也就無法滿足尖峰時間的用電需求。因此，當法國規劃著未來時，他們瞭解電網必須現代化，必須有充足的短期儲備能力，以處理電力用途與電力來源多樣化而逐漸增加的用電需求模式。

不論日本是否要繼續推進核能，這些都是值得借鏡之處。電網的品質與精密度是投資的關鍵，不論最終能源供應的情境為何。日本和法國一樣，豪氣地定下二〇二〇年之前讓電動汽車上路的目標。隨著其他電子設備的激增，會有更大的需求波動。在這種環境之下，不論主要能源供應的來源為何（核能、煤、石油、天然氣、太陽能或其他再生能源），一套智慧、靈活的電網是管理五花八門的電力需求所不可或缺。亟需要把一些新的儲存科技整合到電網之中。

向丹麥和德國借鏡

委員會代表團在哥本哈根和柏林發現，丹麥的能源密集度（也就是每生產一單位的國內生產總值所消耗的能源總量），比日本的八四〇〇千瓦／小時（kilowatt-hours）少了二〇％，而德國的能源密集度大約比日本低一四％。原因很簡單，丹麥的家用電價高居世界第一，德國是世界第二。丹麥住宅用電的價格比歐盟平均高出五〇％以上，甚至比德國高出二〇％左右。這些差異是政府刻意要促進住宅與商業部門節能的政策後果。直接能源稅佔丹麥使用者用電價格的三五％，這是歐盟平均的三倍。如果納入增值稅和其他稅，稅佔最後電價的五十五％。當然，這些價格不適用工業用戶，他們電價低很多。德國的工業也一樣支付比較低的電價。這種差別費率的政策在於維持產業競爭力，又同時推動國內的節能。而且，這也產生預期的結果：丹麥新蓋的房屋，每平方公尺的能源消耗比政策實施前的房屋少了五〇％，有一部分原因是電價高昂，另一部份則是採用比較高的建築能源效率（building-efficiency）標準。

不論是丹麥或德國皆強調節能屬於快速擴大可再生能源供應的一環。一九七〇年代的石油危機之後，丹麥已著手研究風力發電。到了一九八〇年代與九〇年代，為了回應溫室氣體所引發的憂慮，以及立法禁止設立核能發電廠，政府更是加倍努力。他們利用電力躉售制度以及初期三〇％的資金補貼提倡風力發電，到了二〇〇〇年，風力發電佔丹麥電力生產總量的一二％。到了二〇一〇年幾乎倍增來到二二％，然後在二〇一二年又升到三〇％。丹麥的目標是在二〇二〇年達到五〇％。

德國也採取大膽的舉措朝可再生能源發展。德國政府在福島災難之後，隨即宣布馬上關閉八座核電廠，到了二〇二二年之前關掉剩餘的九座核能發電廠。德國總理梅克爾（Angela Merkel）表示，如此德國採用和開發可再生能源將獨占鰲頭。事實上，梅克爾接受美聯社（Associated Press）採訪時特別指出，日本「雖然是一個工業化、技術領先的國家，但面對核能災難時也是無能為力」。在二〇〇二到二〇一二年之間，可再生能源在德國的供電量已經增加四倍，從六％提高到二五％。目標是在二〇二〇年達到三五％、二〇三〇年達到五〇％、到二〇五〇年達到八〇％。同時，德國也打算在二〇二〇年減少一〇％的耗電量，二〇五〇年減少二五％。正如丹麥，德國也利用政府的電力躉售制度，並且投入補貼，刺激可再生能源的發展。然而，德國的計畫關注各式各樣的可再生能源，不只是風力與太陽能，也包括水力發電、生質能和地熱。

這一切都要付出代價。委員會的代表團在報告上說，官方估計以可再生能源取代德國核能的成本相當於七〇〇億美元，還要加上已用於補助可再生能源的一七〇億美元。然而，非官方估計在二〇一一至二〇二一年之間，德國花費的成本約為三四〇〇億美元，德國一位環境部長表示，重建能源產業的總成本可能是一兆三〇〇〇億美元。

這些發現對日本極具意義。由於預期日本人口不久之後必然下滑，日本的戰略能源計畫已經把能源消耗總量會下降一五％左右納入。如果日本節電成效能趕上德國（更不說丹麥），到了二〇三〇年電力需求將減少將近三〇％。光是這樣就足以彌補關閉日本全部核電廠的電力損失。當然，這可能會造成電價上漲，但核能意外的總成本也會導致電價上升。因此，我們最終可以說，再生能源實際成本並未比核能發電昂貴。丹麥和德國的經驗表明，可再生能源生產相對快速的擴張在技術上完全可行。日本轉往可再生能源這個部分，顯然遠遠落後其他經濟合作組織的會員國。事實上，可再生能源佔日本電力供應的比例僅經合組織平均值的一半。日本二〇一五年訂下二〇三〇年可再生能源達到供電量二〇％的目標，這只不過是經合組織在二〇一〇年的平均值。

美國和液壓破裂法（FRACK ING）革命

雖然美國是全球最大的核電生產者，但自從一九七九年的三哩島（Three Miles Island）核災以來，美國就不再興建新的核能電廠。當振興委員會的代表團抵達華盛頓訪問，當時美國的核能發電量僅佔整體發電量的一九％左右。美國大約有一半的發電來自煤炭，約有二五％來自天然氣，還有少量來自水力發電、生物質能，太陽能和風力。相比之下，日本目前有二八％的電力來自煤，天然氣的比例跟美國不相上下，八％來靠水力發電，另外有五％至六％來自可再生能源。當然，這兩個國家也有巨大的差異。美國是重要的石油與天然氣生產國，而日本並不是。美國經驗中最值得日本借鏡的部分是最近出現的液壓破裂（hydraulic fracturing）或壓裂技術，也就從頁岩中生產油氣。這使美國在四十年來首次成為世界上最大的石油和天然氣生產國。

特別引人注目的是，二十一世紀初，很少有人知道壓裂技術；事實上，美國能源公司和政策制訂者一直規劃要建造大型港口，以便進口液化天然氣，因為他們都預計美國國內的天然氣產量已經進入了長時間的衰退期。但是，新的鑽井技術突然使得壓裂成為一項有商機的技術，完全改變美國與全世界的能源圖像。原本要進口的液化天然氣港口現在正準備改為出口。石油輸出國家組織的影響力已經大大減弱。這是驚人的逆轉，它向日本觀察家表明，不可忽視罕見技術解決方案的潛力。

笨蛋，問題是電網

考量了國內的調查以及各國的調查報告之後，委員很清楚日本要建立一個安全、平衡、經濟、環保的能源供應體系有一大阻礙，無論日本決定採取核能或其他技術政策，都必須解決這項障礙，那就是日本的電網。

日本十大電力公司自豪地指出，他們的電網運作得多有效率，並強調日本對於減少輸電過程中的功率損耗是世界的領先者。雖然這一點沒錯，但卻也忽視了最重要的問題，那就是遍佈全國的電網並未有效連結。事實上，日本甚至沒有形成像歐洲和美國那些盤根錯節的電網。相反地，大部分因為公司、官僚以及電力公司、監管者及政治盟友的政治利益，還有因為之前設備安裝的決策，日本有十個分立的電網，基本上各自分離獨立的輸電網路。每一家電力公司的區域電網彷彿一座孤島，供應或接收鄰近電力公司的能力相當有限。關東與關西讓電網分割的問題雪上加霜。關東地區的三個區域電網以五〇赫茲運轉，而關西的七個電網是以六〇赫茲運作。東西不相容是源於很久以前決定使用歐洲與美國兩種規格的設備，事後證明是一場災難。

不同於日本的電網分割，法國不僅僅是國內整合，也和歐洲其他國家有外部整合的電網，可以輕易地把電從電力無虞的地區輸送到缺電的地區。另外還有一套精細的能源批發市場，可以把能源分配到整個西歐，根據服務地區的氣候和其他條件，只要提前二十四小時以上預定電力配送即可。實施高峰期加價，如此一來需求可以自動分配，讓發電能力過多的地區來滿足需求，因而可以讓整體系統的效用極大化。民眾隨時可以取得電網的資訊，而不限於現在的發電廠以及主要的工業大廠。美國也早具有能源批發市場的豐富經驗，歐洲與美國的改革也將他們的電網，轉為可以跨國電力輸送的高速線路。

相較之下，日本每家電力公司僅能供應所在區域的足夠能力。福島核災瞬間就說明原本狹隘的發電策略對於國家整體福利所帶來的成本有多高。地震與海嘯發生後不久，大約喪失了二十七萬千瓦（gigawatts）的發電量。由於位處關東的電力孤島，東京電力公司無法呼籲任何一間關西的電力公司提供任何實質上的協助，舒緩突然的發電短缺。在未受波及關西地區，只有三個小型發電廠可以傳送總計一．二萬千瓦幫助東京電力公司，但這些遠遠不足。

安倍內閣在二〇一四年春季提出的第四波能源計畫（Fourth Energy Plan）已經點出電網的問題，計畫打算在二〇一五年建立一個跨區域的輸電合作組織（電力廣域的運營推進機關，Organization for Cross-regional Coordination of Transmission Operations，OCCTO）。這個機構打算壟斷電網營運，有如法國的法國電力公司（EDF），開發供需預估，在正常情況下協調電網運作，而在電力吃緊時平衡供需。緊隨其後的是二〇一五年二月，安倍內閣公布一項決定，打算要創設獨立的發電與輸電公司，彼此之間完全獨立運作。這計畫是否可行並不清楚，電網是否能充分整合？誰是真正的所有者？新的能源生產來源如何納入？新的發電來源是否會連結？這些問題都有待決定，而問題沒有說明也非常令人困擾，因為現有的結構不利於投資與創新，而這個計畫將會讓日本獲得一個更有彈性、更多元化、更可靠，而且最終成本更低的能源。

「智慧型電網」（Smart grids）將會成為未來的風潮。電網本身就能整合能源儲存與平衡供需的能力，並且允許太陽能、風力與其他可再生能源發電的波動，同時也能交替使用不同的核能與石化燃料來源的電力，順利整合到整個系統，並且能根據需求傳送給全國各地的使用者。一般認為日本在智慧型電網的技術領先全球，也包括非常重要的儲存技術。但是，除非電網可以真正整合在一起，而不只是「相互協調」，否則將危及日本領導地位的延續。

同樣地，如果電網無法高度整合，任何一項發展可再生替代能源的概念都將放慢或完全停止。太陽能、風力、地熱能和潮汐能必須在有陽光照射、有風力吹動、有溫泉流動以及有潮汐起伏的地方才能發電。這些地方不一定位於能源需求的主要中心附近。因此，這些能源的開發必須可以接上電網，而且電網能夠長距離輸電，並且要盡最大可能儲存這些電力，以達到平衡電力的自然波動。

另外，有一項更具野心的計畫也因電力產業的結構障礙而延宕，這一點在安倍的計畫中甚至隻字未提，那就是亞洲的超級電網（Asian Super Grid）。亞洲電網以西歐電網相互連結的方式來設計，超級電網將連結蒙古的大型風力電廠、中國與南韓的核能發電廠、日本的太陽能電廠以及俄羅斯其他可能的能源，讓日本與亞洲各國在電力進出口上有競爭力。這種類型的電網也因為分布甚廣，可以解決再生能源變化多端的問題。舉例來說，日本不是隨時見得到太陽，也不是隨時有風在吹。但有些地方的太陽都在發熱，風也不曾停歇。如果電網夠大，而且運輸成本也夠低，可再生能源的生產波動問題也就不再存在。當然，如果少了整合起來的全國電網，北海道的太陽能甚至無法輸送到鄰近的青森，更不用說將蒙古的風力送到東京。

選擇與路障

二〇一一年福島核災之後，日本執政的民主黨以關閉所有核電廠進行回應，未來將核能發電量減少（理想是降到零）。但是，隨著安倍政府上台以及採用前述的第四波能源計劃，核能再度成為未來發電的主流。新政策不但要求一旦通過安全檢查就重啟現有的核電廠，而且還考慮要延長現有多座核電廠四十年的服役年限，並興建一些新的核電廠。當然，這項政策也要求開發各種可再生能源，但並沒有設定任何目標或時間表，也沒有增加經費。大部分的分析人員顯然認為，日本仍然把未來壓在核能發電。

根據代表團從各國所蒐集到的資料，還有第四波能源計劃出版之後的技術發展與情況，委員會全面審視日本一切能源選項的潛在可行性、成本和收益。傳統的分析顯示，煤和天然氣是最經濟的能源，其次是核能、再來依序是風能、太陽能和潮汐能。但事實已經證明，煤炭和液化天然氣因為溫室氣體的排放之故，實際成本遠超過帳面上的成本；雖然核能並無碳排，但它有可能因核融解和輻射污染而付出很高的代價。此外，由於規模經濟和技術進步迅速，可再生能源的成本預計會再下降。眼下，重新啟動核能反應爐的觀點非常強，因為失去核能對日本競爭力的負面衝擊以及核電廠封存的成本都相當巨大。但是，核電廠應該維持原本的服役年限嗎？也許，如果全新且更安全的核能技術不會製造帶有放射性的廢棄物，而且證明在商業上可行，核電廠的數量是否應該增加呢？這是兩個大問題，而答案取決於是否有替代選項以及替代選項的成本。有鑑於核能及石化燃料為基礎的電力承受的長期風險以及環境成本，如果可再生能源的營運成本最後可以合理到接近這些傳統的能源，再生能源顯然是首選。當然，每一種能源都有自己的前景，也有各自的優缺點。

二〇〇九年十一月，日本引入了政府電力躉售制度（FIT），要求國營公司以該項能源標準費率的兩倍，收購住家與公司輸送到電網的多餘太陽能。過去十五年，太陽能的生產成本下降了將近七〇％；躉售制度一夕之間加快太陽能的建置速度。到了二〇一二年末，太陽能的裝置容量已經成長三倍。由於躉售制度的目標是以增加太陽能的裝置容量回應福島危機，因此隨著制度改變，太陽能的裝置容量在二〇一三年又幾乎翻了一倍。這讓日本超越德國成為全球太陽能市場的龍頭。這也帶動北海道的圈地運動（land rush），大約有二五％的大型太陽能計畫設置於此。然而，電網的問題又成為一道巨大的障礙。北海道吸引人之處在於當地有比較大片的土地可供太陽能場使用。但是，北海道電力公司的發電量只佔日本電力的三％，二〇一三年中該公司宣布可再接受四〇〇百萬瓦發電量的申請，雖然目前申請量已經有超過三〇〇〇百萬瓦。如果北海道的電網可以和日本其他電網整合在一起那就沒有問題，可是它當然沒有。

水力發電並非新玩意，但它只佔總發電量的四至五％。雖然水力發電是最便宜、最乾淨的可用能源，而且經濟產業省也已經計畫擴充水力發電，但是發電的潛能依然受到自然環境和氣候的限制。然而，其他以水發電的能源類型則大有可為。日本四面環海，擁有近五百萬平方公里的專屬經濟區（Exclusive Economic Zone, EEZ），這在全世界世界排名第六，海域五十至一百公尺深處有強大的洋流通過。這讓日本有發展潮汐和洋流發電的龐大潛力，洋流不斷流動，因此可以提供不間斷的電力，也讓他們跟核能及化石燃料一樣擁有太陽能與發力發電所沒有的優勢。二〇一二年，有一個由IHI公司（Ishikawajima-Harima Heavy Industries）、東芝、東京大學和三井物產戰略研究所（Mitsui Global Strategic Studies Institute）組成的團隊，製作了一個成功的系統原型，此系統可以下沈到海底，並穩定發出二百萬瓦的電，能夠以有競爭力的成本提供基載的供電量。

研究團隊指出速度五節的洋流比時速三五〇公里的風可以發出更多的電。同時，新能源開發公司（Nova Energy Development Company, NEDO）提供的資料指出，設置八〇〇台海洋渦輪機將發出一六〇萬千瓦（kilowatts）的電，比一座生產一三五萬千瓦的大型核電廠還多，而且興建成本僅是蓋核能電廠的三分之一。渦輪機可以放置在黑潮（Kuroshio Current）一百公里寬的任何地方，這有點像墨西哥灣流（Gulf Stream）強勁的北流。新能源開發公司估計二〇三〇年之前，潮汐能發電的成本將與太陽能和風力發電相同，有著提供連續電力的優勢。當然，我要再次強調，這類能源要派上用場必須先找出儲存或輸送到電網的方式。

正如水力發電，日本豐富的地熱能源是世界第三大，所以地熱能一直有很大的潛力。但是，如果要利用這些資源會有一定難度，因為大多數有潛力的場址都在環境敏感的國家公園之內。一九九〇年代後期，日本停止在這些地點進行研究和開發，目的是為了集中精力開展核能發電。二〇一二年底和二〇一三年初，冰島大使斯特凡森（Stefan Stefansson）在好幾個場合多次呼籲日本可以效法冰島的經驗，冰島大部分電力來自地熱。他估計日本的地熱資源相當於二十五座核能發電廠。福島核災爆發前的十五年，日本未曾興建一座新的地熱廠，而且裝置的容量仍然很小，只有十七個設施。然而，二〇一三年四月，躉售制度將應用到一切可再生能源之後，經濟產業省宣布將增建二十一座新的地熱廠。雖然這將使現有的容量倍增，但地熱能源相對來說仍然只佔日本總電力的一小部分。

水力不是唯一的選擇。生質能（來自木材、柳枝稷〔switchgrass〕、甘蔗渣等燃料）一直是日本能源供應的一環，但直到二〇〇三年日本開始要求多使用可再生能源之前，並沒有太明顯的增長。到了二〇一六年，生質能源的使用量加倍，但日本的地理和自然資源基礎本身就限制了未來的發展潛力。日本生質能大部分源於工業廢物。這種改變可能是由於降低進口稻米的關稅，迫使日本農民從種植水稻轉向種植專門用於生質能發電的柳枝稷等植物，或是認真發展藻類和海洋生質能。但是在二〇一六年並沒有這類計劃。

風電廠的裝置容量從二〇〇三年至二〇一二年已經成長三倍，但仍然只有相對少量的二・五百萬千瓦（日本總發電量當時大約是二八〇百萬千瓦），計畫在二〇二〇年再增加二百萬千瓦。這主要是二〇〇三年政府要求增加使用可再生能源的結果。二〇一二年之後，政治實施電力躉售制度進一步刺激風力的發展，長期的計畫是風力的總發電量要達到七至一〇百萬千瓦。然而，日本風力發電的潛力仍然未明。以岸上的風力發電計畫為例，除了北海道和東北以外，很少有大面積的多風地區。離岸風力的最大發電潛力可達到日本總發電量的八倍。但日本海岸陡峭且延伸至深海，使得離岸風力電場的興建成本非常昂貴。一個可能的解決方案是浮動的海上風電廠。二〇一五年為止，政府已經興建三個試點電廠，但還需要更多的經驗和發展，解決海上風力電廠遭遇頻繁的颱風、大浪和其他自然風險。而這裡同樣有連結到電網的問題。

最有前景的能源替代品之一是甲烷水合物（methane hydrate）。這給日本帶來改變遊戲規則的機會，就像頁岩天然氣和石油的壓裂在二〇〇五到二〇一五年這十年間為美國帶來的改變一樣。二〇一三年三月，經濟產業省宣布一個由日本公司組成的聯盟，成功從愛知縣海岸南海海溝（Nankai Trough）的深海吸取出來的甲烷水合物提煉出甲浣氣體。甲烷水合物是所謂的「可燃冰」（burnable ice），是把氣體分子凝固下來儲存在冷凍水分子的結晶體。長期以來，關鍵問題是像冰一樣的凝固結構，是否能夠以最終在商業上可行的方式將甲烷氣體釋放出來。經濟產業省的宣告回答了這個問題。日本石油天然氣和金屬礦物機構（The Japan Oil, Gas, and Metals Company）估計，光南海溝所蘊藏的甲烷水合物，就足以供應日本十一年的全部天然氣的需求。另外，日本產業技術總合研究所（Japan National Institute of Advanced Science and Technology）估計，日本附近的所有水域有足夠的甲烷水合物，可以供應日本約一百年左右的天然氣需求。南海海溝的流度測試（flow test）抽取出來的氣體量超乎預期。這使得經濟產業省的官員表示，這項結果足以讓甲烷水合物以相較於液態天然氣的成本競爭走向商業化。日本是世界上最大的液態天然氣進口國，因此設定的目標是要在二〇二八年之前達到大規模的商業生產。

最後一個有前景的替代方案是舊核能發電的變形。一九八四年至一九九四年之間，美國阿貢國家實驗室（America's Argonne National Laboratory）開發了一體化快速反應爐（Integral Fast Reactor, IFR），這種反應爐可以藉著燃燒傳統反應爐所留下的核廢料運轉，並針對自己的燃料重新處理，一直到最終的廢料不再含有危險元素，基本上可以直接丟進一般垃圾桶。此外，危險武器等級的材料，如鈽（plutonium），並無法從一體化快速反應爐的過程中提取，因此也就不會有內部意外的爐心熔毀或者外部的地震和海嘯等天災帶來危險。這是因為在一體化快速反應爐之中，任何冷卻劑流（coolant flow）一停止，核能反應就會停止，沒有熱量的堆積或者核心熔毀的危險。然而，儘管有上述的優點，美國國會還是在計畫完成短短的三年之後，於一九九四年中斷阿貢國家實驗室的一體化快速反應爐計畫。

邁向低成本的能源獨立

如前所述，二〇一五至二〇一六年之間已存在的核電廠使用年限為四十年，到期之後它們必須取得延役許可，要不然就是除役與淘汰。委員會想想自己的建議之後，觀察到如果沒有蓋新的核電廠，現有的核電廠也沒有重新核准，日本所有的核電廠在二〇三六年至二〇四〇年都將關閉。委員會的結論是核電廠立刻除役的成本和安全的風險都太高了。然而，藉著正確的政策，甲烷水合物、太陽能、潮汐和潮流、風力、其他可再生能源和一體化快速反應爐的核能發電將有成本效益，而且在二〇三〇年之前完全能夠充分取代傳統的核能發電。另外，委員會強調另一個重要的能源選項是節能（conservation）。如果日本的人均電力消費能夠達到德國的水平，也就能讓一半的核反應爐關閉。如果能源消耗能夠和丹麥看齊，所有的反應爐幾乎都能夠關閉。因此，委員會決定日本應該以二〇三〇年之前關閉現有的反應爐為目標，而且除非是一體化快速反應爐，不會再建造新的反應爐。委員會也進一步建議，接下來的十五年之中，應該要盡力開發可再生能源和一體化快速反應爐的核能發電，同時也創造一個真正相互連結、有回應的電網。

委員會其中一項建議似乎有點矛盾，那就是應該馬上增加燃煤電廠的數量。這要提供一段過渡期，讓一種不大可能中斷的能源在過渡期間能夠提供低成本的電力，也給電網穩定的基載電力，直到再生能源發展完成。當然，這些燃煤電廠用的是淨煤的電廠，且有碳捕捉能力，之後還可以從甲烷水合物轉化為天然氣。委員會預言日本未來電力將會有三五%至五〇%來自可再生能源，其他部分將來自甲烷水合物和一體化快速反應爐。

為了實現能源目標，委員會建議採取五個步驟。首先，建立一家名為「核能公司」（Nuclear Corporation）的特殊政府機構，由公司發行專用債券，並用收益接管現有的五十四座核能電廠。核能公司接著會發執照給九間擁有反應爐的電力公司，由它們營運二十五座最安全、最現代化的反應爐。其餘的反應爐都要除役，剩下繼續運轉也會有個最終關閉的時程。那些想營運活躍反應爐的電力公司，投標時不僅要從經濟的角度具體說明規劃的內容，還要詳細列出自己在所剩的運轉時間中將執行的安全措施。當不再重啟的反應爐開始除役，核能公司將會負責一切的資金。

其次，這十家電力公司的輸電網將國有化，整合成一間國有與國營的電網公司，而原先電力公司的經理或董事會成員都不得參與，目的是避免電力公司帶來任何不當的影響。然後，電網公司將再分成三家公司，北部、西部和中部各一家，每間分公司的股份由私人認購。這三家新公司將接受新成立的獨立電網監督機構（Grid Oversight Agency）管轄，新機構與經濟產業省毫無關連。中部電網的分布範圍將會橫跨過去常被分成兩邊的東西電網，推動資金投入更大的東西電網互聯。北部電網在核准的過程中特別希望可以允許亞洲超級電網連結全國電網。政府也可以收特別稅支持裝置容量的升級，非常像有些國家把汽車的公路私有化，再藉著收取路費資助資本改善（capital improvement）。

第三個步驟是大幅提高住宅和商業的用電費率，而針對中大型企業的工業用電則是微調費率。這樣做的目的是鼓勵節約能源，並且利用調漲的收入來補貼可再生能源、乾淨的核能和節約能源的投資。除此之外，住宅儲能會解除管制，並且導入靈活的政府電力躉購制度。委員會希望這樣做可以鼓勵居民和小型企業針對插電式電動車、太陽能發電和儲備能源，想出兼具創意與效益的節能手段。

第四個步驟是大力投資開發太陽能、潮汐、甲烷水合物以及一體化快速反應爐（IFR）為主的核能發電。雖然甲烷水合物在技術上不算可再生能源，但卻具有巨大的潛力，或許是日本取得能源獨立的最佳機會，尤其是如果它可以與一體化快速反應爐的核能發電結合，將會有傳統核能的一切優點，卻沒有它的任何缺點。當然，甲烷水合物的開發不僅涉及到提煉和處理技術的建立，也要發展碳捕捉的能力，還有建設遍佈全國的管路，讓電力分配到全國各地的電廠與使用者。

最後一個步驟是採取監管和課稅措施，強迫全國大部分的汽車和卡車車隊轉變成電動或超級油電混合車。

夢想成真

一切如我們在二〇五〇年所見，日本終於實現長期以來追求低成本能源獨立的夢想。委員會所提出的五步驟計劃發揮得比任何人的想像都好。二〇三〇年之前，所有舊核電廠都已經關閉，由十五個一體化快速反應爐發電廠取代。現在，全國電網高度相連，有強大的能力可以把能源從電力過剩區轉移到用電需求區。電力公司之間新一輪的競爭已經使得電力的成本下降，即使是新能源引進也是如此。可再生能源和甲烷水合物提煉出來的天然氣不論是開發或是商業化程度，都比最初預測的更快速也更便宜。一大驚奇是洋流的能源發展，這項能源與甲烷水合物幾乎一樣重要。令人意想不到的是亞洲超級電網從蒙古平原的發電廠帶來風電，日本的節約用電方面也已超越丹麥。日本的溫室氣體排放一開始緩慢下降，還因為煤和天然氣的使用量增加，碳排一度稍微增加，但日本現在已經超過自己設定的長期減排目標。除了從亞洲超級電網輸送過來的電力，日本幾乎沒有進口任何能源，同時又能跟美國一樣享受低成本的能源。簡而言之，日本確實已經成為一座能源天堂。

第八章

從日本公司到有日本特色的德國企業

你上次造訪日本之後，對於酒吧減少，大家不再喝通宵的情況感到有些失望，在這些地方，有火辣的女老闆為你端上一杯價格不斐的酒，並且坐在主管的大腿上，和大老闆喝到深夜。你也發現辦公室的燈不再開那麼晚，而酒吧不見之後取而代之的是家庭餐館或是餐廳，賣東西給趕著回家和小孩一起吃晚餐的父母。

日本企業過去特有的態度顯然有他們自己的節奏、理性與魔力。但是，過去二十五年來，也就是從一九九〇到二〇一五，日本傳奇般的企業在二次世界大戰之後征服全球市場，並且把「日本製造」變成一種品質、風格、服務、創新以及價值的符號，現在已經搖搖欲墜。日產只有和法國的雷諾建立合作才能度過難關。二〇一二年，一度呼風喚雨的松下創下日本公司有史以來最大的虧損紀錄。日立退出數百項生意，並且裁員近十萬名員工以免倒閉。過去的半導體巨人爾必達瑞薩幾乎破產。即使是世界的汽車霸主豐田，也面臨市佔率下滑的窘境。

但最重要的是，二〇一六年年底索尼宣布接受併入三星的提案，兩家公司共組一家新公司，名字就做三星索尼。這件事實在相當令人震撼。索尼在二次世界大戰後由日本企業家盛田昭夫以及井深大創立，一步步掌握全世界公認的日本企業優點。索尼起家靠的是在美國無人使用的電晶體（transistor）技術，憑著自己開發的三束彩色映像管電視（Trinitron）與隨身聽（Walkman），帶領日本人征服美國與歐洲的消費電子大廠，例如RCA、奇異、飛利浦。盛田昭夫也搬到美國，學習英文，然後成為日本第一個貨真價實的全球執行長。

但是，隨著創業世代的凋零，索尼似乎逐漸找不到方向。它開始推出一些「我也有」（me-too）的產品，而且堅持一切技術都在公司內部開發，經常要象徵性地靠自己重新發明輪子，而不是採用或改造外面已有的技術。公司發展出強而有力的內部精神（internal silos），每一種的重點都是在刷內部的存在感，而不是用來和外界對話。協調往往只在公司的最高層才有，而到了問題病入膏肓，一切挽救措施都已經太遲。公司變得相當笨重，毫無焦點，官僚也愈來愈害怕冒險做關鍵投資。雖然索尼擁有世界級的薄屏顯示技術，卻也不大敢投資在此一領域，即使競爭對手三星與樂金（LG）以大規模投資計畫穩步前行。同樣地，索尼在電視機領域三心二意，而三星則是大手一揮。針對智慧型手機，索尼跟瑞典的易利信（Ericsson）合資顯得缺乏遠見，也無法回應競爭者的挑戰，先是蘋果的 iPhone，再來就是三星 Galaxy 安卓手機。儘管索尼頂著全球企業的光環，但卻很難把外國專家引進日本的企業總部，為自己的團隊帶來不同的養分。事實上，因為公司內部的精神，即使是內部不同團隊的合作也相當有限。

諷刺的是，索尼在二〇一三年之前的所作所為，看起來有如一家即將倒閉的美式企業，例如柯達或摩托羅拉。它把總部大樓拋售，然後投資在醫療科技等嶄新的領域。索尼在傳統的數位電子、遊戲、錄影帶與手機等市場虧損，卻在金融服務與音樂等副業賺錢。索尼一直被稱為是日本的蘋果公司，曾經對於自己每隔一段時間就推出一項劃時代的產品、創造一個全新的產業感到自豪，但卻已經有十八年未推出什麼熱賣商品。事實上，索尼掌握了所有的技術，可以率先推出像蘋果的 iPhone 與 iPad，這些產品應該就是索尼 iPhone 與索尼 iPad。但是索尼猶豫了，而蘋果抓住機會。如此一來，蘋果成為全世界市值最高的公司，而索尼的市值則是一落千丈。

後來，事實證明手機是索尼的轉捩點。索尼一度是行動電話領域的先驅，並於二〇〇一年著手與瑞典的易利信合資，維持公司的全球競爭力。二〇〇七年，索尼易利信的全球市佔率已超過一〇%，但是到了二〇一二年年底，市場率下滑到一．七%，遠遠落後三星的二二．七％。因為手機對於各種電子技術非常的重要，所以索尼的管理階層決定放手一搏，重新奪回手機的市佔率。公司動用全部的資源，發展新一代的Experia Z，並於二〇一三年年初推出。這款手機相當傑出，一開始市場反應熱烈；有一小段時間，索尼在品川的總部瀰漫著一股飄飄然的感覺。但是，不久之後三星推出全新的Galaxy S5。這款手機不但在技術上遙遙領先其他手機（包含索尼的手機），三星還展開鋪天蓋地的全球行銷活動，吞噬競爭對手，唯一沒被擊垮的是蘋果，但蘋果的市佔率也下滑了二五％。

索尼不只無法在手機領域與人競爭，就連其他領域，如電視、遊戲、電子零組件也同樣面臨著靈活且極具侵略性的韓國大廠步步進逼。最終，索尼決定不再抵抗，而是加入對手的陣營。

日本企業的起源與進化

如此多的龍頭企業衰退，挑起一個嚴肅的問題，那就是長期且普遍受到模仿的日本管理體系是否還能發揮作用？這還是經營企業的有效體系，或者它只是在特定的時空條件下才成功的呢？

這套體系的關鍵元素是終身雇用制；公司董事會完全由高階經理擔任；公司屬於一個法人團體彼此之間交叉持股；資金主要來自集團中交叉持股的銀行而不是外部的投資者；強調市佔率而不是獲利；缺乏市場進行企業控制；工人與經理之間的退休金相對來說差異不大；升遷與調薪完全看年資（年功序列工資制）。這些並不完全是日本企業管理長期存在的特色。從十九世紀末到一九三〇年代，日本的資本主義與管理體系非常接近歐洲與美國體系。接下來到二次大戰期間，日本的會社基本上是由公司的股東掌握及控制。公司靠著內部的現金流以及發放股份滿足自己的開銷。銀行並未扮演主要的監督角色。到了一九三〇年代，大家族控制企業集團，也就是所謂的**財閥**，而這也成為日本商業裡常見的景象，有如美國二十世紀初反托拉斯法實施之前的「托拉斯」（trust）。財閥家族使用控股公司的結構以及專業的經理人團隊來經營自己的企業。

這段期間不斷發生的管理問題就是尋找技術工人以及專業經理人，並把他們留在公司。殘酷的事實在於公司往往投資大量的時間與金錢來訓練員工，卻只能眼睜睜看著他們帶著新技術跳槽到另一家公司，所以有些大公司引進終身雇用的想法。假如經理人與技術工人承諾不離開公司，公司就可以保證終身雇用，並且不斷地給予在職訓練，最後還可以領到退休金與其他保障。一九三〇年代末，許多較大的集團與公司已經提供終身雇用，雖然大部分的企業並未這樣做。

當時，工人試著籌組工會，卻因為國會反對工會的立法，再加上公司管理階層的工廠大會組織，妨礙工會的發展。第二次世界大戰期間，日本僅存的少數幾個工會被吸收進入戰爭時期指揮工業生產的產業組織（Industrial Organization），並且有效地廢除工會。

當然，戰爭時期的經濟大幅提升政府（尤其是軍需省）對於管制與指揮企業生產與供應的角色。但是，後來大家所熟悉的日本企業管理體系，實際上是由美國的佔領軍催生，佔領軍把財閥解散，由政府購買股份，向有錢的老闆課徵財產稅，並且取消戰爭時期對公司借款的擔保。這些措施勢必大大強化政府官員與專業經理人（相對於股東）在經營大企業的重要性。

由於私人資本不多，投資必須仰賴政府所支持的銀行貸款。因此，銀行基本上也就變成日本銀行以及大藏省的武器，由他們實行資本管控，並且指揮銀行貸款給優先的指定計畫。如此一來，公司受到通產省很大的影響，而通產省也控制外匯，並且大致決定投資計畫的優先順序。

經濟的高成長靠的是日本銀行所支持的貸款，以及政府財政投融資計畫（Finance Investment Loan Program）所提供的基金。事實上，政府隨時處於超貸的狀態，貸款給公司的款項高達投資資本的八倍到九倍之多。因此，公司付給銀行的利息遠比公司的每股分紅還要重要。如此一來，公司股東的影響力與權力，遠遠不如公司的經理人與銀行家。事實上，管理強化了以下的想法，公司不但應該要接受控制，也永遠都不應該從公司外部促成控制的改變。公司的管理者也採取終身雇用的概念，但是進一步擴大成為一個公司家庭網路，管理者與員工都享有同樣的待遇。換句話說，管理階層與一般（終身）員工全都是終身雇用於同一家庭的一份子，彼此之間關係密切，互相承擔義務，但是對於外部的工會就無須如此，對於外部的股東也沒有任何義務。所以，管理階層就和強勢的政府官僚及聽話的終身雇員形成伙伴，成為推動公司向前的力量。一般的小股東則是遭到遺忘。

事實上，工人起初並不願意合作。佔領軍的第一項行動就是採行工會法，首度允許工人組織工會、罷工以及集體協商。這帶動一波工人組織的浪潮，到了一九四九年，大約有六成的工人都已經加入工會。

然而，冷戰開啟改變一切。佔領軍不再繼續推動民主化與工會化（unionization），而是和日本的保守勢力結盟，反對自由的勞工與社會主義。舊的財閥重新組織起來，但是新的形式叫做**系列**，不再由家族或大的股東所控制，而是由公司的執行長所組成的大會控制，公司之間交叉持股，而且背後都是同一家大銀行。系列受到政府影響，也就是大家熟知的「行政指導」，透過新的聯盟關係，佔領軍的政府打破罷工，並且和公司的管理階層、保守派政府以及國會領袖合作，一起打破工會與產業工會的力量，並讓他們轉型成個別公司的公會（公司大會的繼承者），而公司的工會也可以組成一個聯盟。如此安排的基本精神是公司的管理階層至少可以保證一般員工的終身雇用，而管理階層的報酬不會超過工資太多。所以，工人也就可以避免罷工與分裂，管理階層與勞工一同承擔公司的成敗，而管理階層要在事情出錯時扛起責任。為了避免太多內部的衝突與對立，也要維持較低的員工成本，管理者的薪水與升遷基本上由年資決定。

因此，日本企業的體系獲得確立，根深蒂固的管理自主性與合作的勞工受到強力的政府引導。在這個框架之中，日本的管理有兩個根本目標：維持管理的自主性以及維持公司做為一的獨立且永恆的生命體。獲利的最大化永遠都不會是主要目標，而且對於許多人來說甚至不是一個可以接受的價值。衡量成功的標準在於公司的規模與相對排名、收益成長、市佔率、聲望以及透過內部的現金流或銀行貸款資助投資的能力。

帶著這種架構與營運方式，公司專注在達成高品質、確保持續改善、降低成本並藉由即時快遞提高生產力，提升出口達到世界級的經濟規模，並且增加投資以維持成長增加市佔率。這些特色成為日本管理體系的標誌。

當時，這一切都與日本的商業環境配合得天衣無縫，而且有助於形塑日本的環境。從一九五〇到一九七〇年代，日本有一波嬰兒潮，因此挹注了許許多多的年輕人進入就業市場。這批人一畢業就被公司聘用，並且隨著時間將公司的哲學與紀律灌輸給他們，這實在是很有效率的作法。當時，公司裡還沒有太多資深員工，看年資調薪並不會提高人事成本。因為，同一年進入公司的人一起調薪，所以可以減少公司內部的衝突與對立。政府的財政與產業政策確保資金無虞，並且減少公司在政府扶植產業之中的風險。傳統的**財閥**以新的**系列**復興表示許多公司都相互持股，主要銀行持有各家公司的股份是主要的貸款來源。系列之中通常還會有一家相關的保險公司，也是非常重要的股東。銀行、保險公司再加上交叉持股者都是穩定的股東，他們不會出售持有的股份，而且在困難的時候也會繼續貸款給公司，幫助集團內部的公司重整。這一切都可以降低投資風險，確保穩定與安全，因此也就不會有惡意的公司接管及併購；不會有激進的股東；不滿的股東不至於採取法律行動；股票的價格波動不大，因為大部分的股份從來都不曾交易。**系列**也可以降低國內的競爭：新公司要進入市場難如登天，系列中物流的運作可以降低零售價格的競爭。不但如此，政府反壟斷的辦公室只配置最少的人力與預算，並且受到政府其他強而有力的部門（例如通產省）強力反對。因此，日本產業有非常大一部分都存在壟斷的卡特爾（cartels）現象。

其他幾個因素也整合到日本的管理體系以及更廣的國家經濟策略之中。政府盡量降低外國人在日本的投資，而且一開始國內市場也靠著高關稅以及各種非關稅壁壘阻止進口。因此，國內不會有外部的競爭威脅，而國內的卡特爾只讓消費者買高價的東西，藉此支持廠商的財務。同時，日本也刻意低估日圓，一開始是透過資本的控制，然後就是由政府干預匯市。政府也藉著各種補貼以及減稅強力支持出口。

日本企業體系最後一個重點就是他們進場的時機。日本的公司基本上是攻打已經掌握的目標。紡織、鋼鐵、汽車、電視機甚至是半導體，都是既有的產品與產業，產業運用的技術都已經廣為人知且隨手可得。日本的公司並無法突然發明新的產品或產業，反之廠商以及工人主要的任務是讓現有的產品，做得比國外競爭者更好也更便宜。

日本式企業與管理技巧如日中天的時候，他們以迅雷不及掩耳的速度及效率達成此目標。首先是紡織業，接下來是鋼鐵、消費性電子、汽車、工具機、半導體以及其他各種產業。日本的公司，像是東麗、日本鋼鐵、索尼、日立、松下、東芝、豐田、日產、富士通與日本電氣（NEC）都是藉著自己的技能與管理技巧，在自身的經濟結構脈絡與政府的政策底下，超越美國與歐洲的競爭對手，像是通用汽車、摩托羅拉、飛利浦、英國汽車（British Motors）、米利肯公司、辛辛那提米拉克龍（Cincinnati

Milacron）等公司。日本的大企業似乎所向披靡，圖書館書架上介紹日本企業的書也是汗牛充棟，全世界的公司執行長急於參加研討會學習日本式管理的秘訣以及日本公司的魔法。

巨變

日本的資產泡沫在一九九二年破滅，突然間日本的管理體系似乎顯得一事無成。日本不但滑進二十年的經濟停滯與通貨緊縮，而且如之前所說，許多最大與最重要的企業也都陷入嚴重的衰退，並且始終維持低檔。難道日本管理體系的熱潮只是一種宣傳嗎？難道日本企業的成功主要是因為日圓低估、保護國內市場以及政府直接與間接的補貼嗎？到底發生了什麼事，讓這個世界一流的管理階層一夕之間看起來像個小丑？

日本經濟體系的特色在於供應商和製造商、賣家和買家、銀行和借款人、主管與工會領袖、官僚和企業主管、同校同學和同班同學之間的熟人關係網絡。這些關係在快速發展的經濟中，藉著建立信任降低交易成本，從而促進決策速度和解決衝突。久而久之，人際關係取代法律制度（法律主要是缺乏熟人沒有能力進入市場的外人在用）。儘管他們有這些優勢，但人際關係也會讓參與者深陷道德承諾之中。如果不是聲譽嚴重受損，切斷關係變得非常困難。對於日本企業來說，終止供應商的關係以及裁員，根本有如天方夜譚。日本這個快速成長、高度規範並且容易預測的經濟環境中，體系的運轉彷彿魔術：體系裡每位參與者都能得到他們想要的，錯誤輕易就可以隱藏和遺忘，少數的嚴重問題馬上由大銀行或政府出面處理。雖然並非完全透明，體系的運作受到社會廣泛信任與接受。

然而，我們必須記住，日本的體系是為了「趕上」（catch up）美國和歐洲的經濟而建立。到一九七〇年代末，可以肯定地說在一九八〇年代結束前，日本已經趕上美國。其次，日本也趕上快速全球化和世界商業活動的整合、複雜和精密日益提高，帶來一些根本改變。一九八五年的「廣場協議」（Plaza Accord）是日本、美國、英國、法國和西德之間的全球貨幣協議，這也造成日圓大幅度升值。隨著韓國、台灣、新加坡、中國與其他國家的崛起，全球市場競爭更加激烈。為了抵消強勢日圓的衝擊，日本政府大幅增加貨幣的供應量，這讓信貸更容易，卻也帶來了巨大的資產泡沫。

雖然許多日本公司的利潤在一九八〇年代一路下滑，但衰退已經由經濟泡沫所帶來的資本利得抵消。因此，一九九二年泡沫破滅之後留下了龐大的債務問題，給整個經濟體的企業和銀行帶來極大的財政壓力。投資和增長幾乎停止，停滯太久，企業和政府也都無能為力，只能寄望於經濟增長反彈能夠解決一切問題。但是事實上並沒有，眼下以低增長和全球競爭更激烈為特色的新環境之中，日本管理體系許多原本被認為是優勢的特色，慢慢地看起來並不是那麼有利了。

當然，有許多實際的管理措施，例如持續改進「改善（*kaizen*）」、即時傳遞看板（*kanban*）、六度標準差以及重視客戶滿意度等措施，仍然有效而且深具影響力。但這些做法可能或已經遭到全球競爭對手模仿，也因此侵蝕了日本的優勢。同時，個人與公司之間安逸的關係、不透明的報告與程序，以及按年資晉升及敘薪，過去被認為是日本快速成長的加速器與推動器，現在則被認為是自私的既得利益者會窒礙日本的經濟復甦。最後但同樣重要的是，終身雇用制以及年資為報酬的體制，慢慢地看起來就像綁在公司脖子上的重擔。顯然，公司至少要賺取一些合理的利潤；太多員工享有終身雇用制很可能就等於沒有利潤，因此沒有任何員工有工作可做。老派的公司（如日立）決定開始裁員數千名員工，預示終身雇用制度已經走到盡頭，或至少到了改弦易轍的時刻。

但這不僅僅是終身雇用制的問題。二〇〇一年，黎巴嫩移民巴西的法國企業家戈恩（Carlos Ghosn）銜命擔任日本第二大日本車廠日產汽車的執行長，強烈顯示日本整體備受讚揚的公司治理和管理體係已經岌岌可危。一個外國人由傳統的董事會空投到一家日本最重要也重受歡迎的老牌企業，不僅僅是擔任領袖，也推動了一場管理革命，做許多日本的管理者絕對不會做的事，不但改變公司的結構與具體作法，也改變了它的文化。戈恩資遣了兩萬一千名員工，關掉國內五家工廠，拍賣公司極有價值的資產，像是公司的太空部門，而最重要的是終止日產對於**系列**的依賴，成為所謂的「系列殺手」。他推行的著名改革還包括把公司的語言從日本改為英語，因此可以找來北美與歐洲的重要主管加入公司的全球策略部門。不到一年，戈恩讓日產擺脫赤字，三年之內日產成為全球最賺錢的公司之一。

大家都清楚情況已經改變，舊的管理教條與作法在未來可能不是非常有效。二○○三年，民眾基本上接受好的管理與績效最終必須建立在一個資訊公開與競爭的市場上，從前的舒適關係已經不再管用。全球競爭愈演愈烈，銀行在經濟泡沫化之後的慘狀，國債需要迅速降低，再加上穩定的的股權結構逐漸流失，使得日本走向了解除管制、去壟斷（de-cartelization）以及權力從管理者轉移到股東之手，股東愈來愈失望的是過去公司還有能力還債，現在卻只是拿著大筆現金什麼也不幹。

另外三個現象也顯示日本企業界正有幾項明顯的改變。首先，為了要在全球資本市場取得資金以及在海外進行併購，日本企業必須推高股價，所以維持高收益的壓力與日俱增。小松製作所（Komatsu）、東京威力科創（Tokyo Electron）以及日本電產（Nidec）

等公司，發現自己正在和美國的開拓重工（Caterpillar）與應用材料（Applied Materials）等同業競爭，需有能力在美國與其他國外市場進行收購。因日本的銀行已經在泡沫中受到重創，這一類在世界各地競爭的公司，亟需其他的資金來源。

第二個現象是日本有一些跟矽谷科技公司很像的新創公司逐漸崛起。比方說，一九八一年由孫正義所創立的軟體銀行，剛開始只是一家軟體銀行公司，逐步進化成一家全球電信、網路、遊戲以及出版的大型公司，在雅虎、創億理財（E-Trade）以及其他高科技服務公司都佔有不少股份。二〇一三年四月，軟體銀行的市值是五三〇億美金，超過老牌企業**NTT**電信。同樣地，一九九七年由三木谷浩史所創立的線上商店與電子商務公司樂天（Rakuten），很快就成為日本最大的電子商務網站，總市值超過一三〇億美金，全球員工也超過一萬人。樂天和軟體銀行一樣，市值與獲利都非常非常重要，因為他們不再依靠**系列**中的大銀行，全球的策略也驅使他們到美國、法國、德國、西班牙、英國與巴西進行收購。另外，兩家公司也都把英語當成公司正式的溝通工具。樂天在二〇一二年決定讓英語成為公司對內以及對外溝通的正式語言。同時，軟銀也積極改善員工的英語能力，提供一百萬日圓的獎金給多益考試成績在九〇〇分以上的員工。

第三個重大的改變是聘人的作法。過去日本會社的「正式」員工在聘用之後永遠不會被開除，但是現在作法有變，日本企業逐漸增加約聘或「非正式」的員工，一旦他們所負責的工作完成之後就將被開除。一九八四年，非正式的員工大約佔一五%，一九九九年增加到二五%，到了二〇〇三年再增加到三四%。大量使用約聘工人強烈顯示日本式企業的終生雇用政策有可能即將劃下句點，但要完全消失也不是如此容易，佳能、豐田與三菱等會社都堅持老派的作風。

二〇一六年，索尼與三星的合併帶來臨門一腳，促使日本企業完成改革與重組。獨立的索尼走下聖壇有特別的意義，因為索尼一度是日式體系中一家與眾不同且特立獨行的公司。除此之外，它也做出許多改革者一直呼籲的變革，例如由外人、外國人與女性擔任公司董事，也像日產一樣聘了一個外國人擔任執行長。但是，日本企業各種獨有的習慣是如此根深蒂固，這些措施根本就不足以挽救這家公司。

索尼垮台的原因很多。它在單機作業的電器時代風光一時，卻無法即時調整到網路時代。雖然是白手起家，但科層體系卻愈來愈龐大。索尼並不像日產與樂天把英語當成公司主要的語言，而且前面就已經提到，即使講的是日語，不同事業體也幾乎互不溝通。面對韓國企業明快、侵略性的決策風格，索尼日式企業建立共識的習慣顯得過於緩慢。當公司想要減少員工，勢必面臨日本的勞工聘用法對於裁員的限制，還有它本身揮之不去的終身聘用文化。恰如索尼二〇〇五至二〇一二年的會長斯金格

（Howard Stringer）所說：「如果我們可以確實利用資本合併的優勢，我們就會是一家強大的公司。」但是，索尼為什麼就是無法齊心齊力？斯金格在受訪時解釋：「我並不知道自己無法控制一切。日本公司自然是共識決，因此我要花許多的時間來達成共識。」索尼與日本的管理體系就是自己把時間浪費掉。

全新的日本管理模式

特別國家振興委員會認為日本的企業就像溫水煮青蛙。在此情況下，青蛙並不會從鍋子裡跳出來，而是傻傻地待在裡頭直到燙死。現在鍋子裡的水已經滾了，而委員會決定要採取行動把青蛙扔出來。日本的存亡取決於生產力的大幅改善。由於人口短期內勢必減少，所以要滿足國債、健保、養老以及日益升高的國防支出，生產力增加的速度顯然要提高至少兩倍到三倍。摩根史坦利（Morgan Stanley）以圖表示勞動力參與及生產力成長之間的關係，顯示日本可以在二〇二〇年達成內閣所設定的實質國內生產毛額，同時滿足養老基金與健保的需求。二〇一四年，日本的勞動參與率是八二％，生產力的成長必須從現在的一％上升到二．八％。當然，如果生產力的成長不變，勞動的參與率要提升到九五％來達成目標。顯然，勞動力的成長相當迫切，因此委員會集中在五項關鍵因素：創新、經濟結構、公司治理、稅與金融、勞工關係與在職訓練。

創新

委員會一致同意日本要找到一個方法，釋放人民內在的發明能力及創意。有個委員指出數千個好點子困在索尼這樣的會社，新創公司的數目節節下滑。雖然此現象的原因不少，但主要的問題似乎是恐懼失敗。如美國這樣的國家，新創公司非常多，也有非常活躍跟嶄新的創投部門，所以比較勇於冒險。但是，美國的風險事實上非常非常低，有創業想法的人可以辭職去創業，如果失敗了還可以回到原本的工作或是找一份新差事。老闆實際上是從正面的角度看待創業者勇於嘗試的態度。事實上，有時候原本的老闆還會投資員工創業，並且分享自己的資源。

這在日本非常罕見。如果有人辭職去創業，不但無法再回到原本的公司上班，也很有可能找不到其他公司願意聘他。此外，沒有銀行、創投或是天使基金會貸款給創業者，律師、會計師、行銷顧問或是公關顧問等基本服務，也不似美國等公司願意接受兼差的案子或是用選擇權支付部分的服務費。簡而言之，日本式企業的內在思維及作法，都對日本亟需追求的創新充滿敵意。

為了彌補這一點，委員會提出好幾種作法。第一，推出資本投資失敗的保險方案，如果創投失敗，可以賠償創業者與員工，承擔他們在找新工作或新資金期間的開銷。起初，保險的資金主要靠政府與有私人的捐贈。但是，接下來的資金則要靠曾經在創業期接受保險支持的創投，成功之後再付款至保險基金。保險基金承擔保險時也會分到新創公司的股份，最終把股份賣出可以支持保險基金的長期運轉。最後，保險基金也會建立律師、會計師與顧問等新創公司所需的基礎服務。

在此背景下，委員會也指出日本專門的中小型企業有很強的創業能力，只不過常遭人忽略。這有點像德國人口中的「中堅企業」（Mittelstand），例如安立（Anritsu）、日本電產（Nidec）、歐姆龍（Omron）、發那科株式會社（Fanuc）等，他們都提供了先進的產品與技術，並且在業內的全球市場佔有一席之地。不過，二十一世紀的前十五年，這些中堅企業遇到不少問題。以半導體產業為例，日本的原料、化工與設備廠都非常強大，但是日本的半導體元件廠市佔率卻不斷流失，最終退出半導體產業。供應商陷入困境，也就是說國內的市場在萎縮，而主要的客戶漸漸地來自其他國家，其中許多國家，如韓國與台灣，都是由自己正在推動的產業來供應。隨著日本大學畢業的工程師及科學家人數不斷下滑，日本的供應商也愈來愈難聘到所需的人才。除此之外，當科技的發展成本愈來愈高，中小企業持續投入研發的能力也日益受限。此外，有許多企業的老闆都已經年邁力衰，缺少一個適合的家人或資深的主管接手。

委員會回應問題的方式是讓專門負責中小企業業務的商工中金銀行（Shoko Chukin Bank）放寬長期的低利貸款，支持這些「中堅」企業做全球行銷。委員會也建議政府努力招募海外人才之際，必須特別關注中小企業所需的工程師及科學家。委員會呼籲政府建立德國式的學徒制度，中學畢業之後可以接受技能的訓練，而不需上大學拿理工文憑。這項計畫要在教室與企業邊做邊學，而且由政府與企業建教合作。另一個德國的想法來自夫朗和斐應用研究促進協會（Fraunhofer Society），協會與中小企業一起落實技術的發展。舉例來說，夫朗和斐開發出 MP3 編碼的關鍵演算法以及太陽能系統的基本元件。日本可以建立類似的組織，由中央與地方政府提供三〇％的經費，其他七〇％則來自組織協助私人企業做工程與研發計畫的收入，中小企業也可以藉此一直保持在科技的前沿。德國還帶來的另一個想法，政府可以在經濟蕭條時替公司負擔二〇％至三〇％的薪水。德國將此稱做「短期工作協助」（Short-Time Work Assistance），計畫屬於過渡性質，蕭條一結束計畫也就結束。把可能遭到資遣的工人留在工作崗位上，可貴的團隊與技能就可以保存下來。委員會認為此措施非常符合日本的傳統概念。

經濟結構

第二次世界大戰之後，日本經濟體系的設計是為了阻止外資。因此，即使到了二十一世紀的前十年，日本的外人直接投資比例比起其他國家還是最低，價格競爭也比較不激烈。為了藉著競爭刺激更多的動能，委員會拋出兩項建議：一是更多的外資，再來就是強力的反壟斷規定。

針對第一項，委員會提議日本採取新加坡的作法，具體指出並吸引想要的外資。事實上，初步探詢之後，新加坡的經濟發展局（Economic Development Board）的確與日本的經濟產業省、財政部與其他機構作建立了一套精密的體制，吸引人到日本投資，最後日本成立「日本招商局」（Japan Investment Attraction Agency），派職員進駐日本大部分的海外使館，以及投資失敗保險基金的行政部門、地方政府與私人企業（entities）。這些代表有些是私人部門獨立派遣的人員，負責找出日本經濟發展所需的產業、企業以及能力。

一旦找出適合投資日本的對象之後，招商局會聯繫廠商，推出各種好處吸引廠商，像是減稅、放寬融資、協助招募與訓練工人與管理人員並且協助取得所需的基礎服務。招商局會和區域及地方政府合作，一起建立類似於新加坡與台灣的科學園區。

除了提供外商各種設備之外，產業園區也是日本創投的孵化器。

日本許多產業長期以來都缺乏充分的競爭，而是透過一些和諜的行為得到支持。農業或許是最佳的例子。農業之中有龐大的協定網絡與特殊交易，使得整個產業不曾受完全競爭所干擾。醫療領域是另一個例子，醫療資源的配置大部分交由醫生與官僚而不是由市場決定。比方說，便宜的學名藥（generic drugs）在日本就不如在其他主要國家普遍。另一個例子就是在營建業圍標的「團子」（*dango*），串謀與操控價格的名聲眾人皆知。為了刺激競爭，委員會建議把反壟斷辦公室的工作人員及預算都提高兩倍，因此在二〇五〇年的時候他們很積極主動地調查各種反競爭的關係，以確保買家可以拿到適當的價格。

公司治理

針對日本的大公司決策太慢，委員會認為主要的問題在於大部分的董事都是公司內部的成員，沒有能力解決小團體之間的分歧，甚至無法強迫小圈圈之間溝通。委員會提出兩種解決方式，而公司必須從兩者之間選一種。第一個解決方式是改變董事會的成員，不再完全（或大部分）由公司內部人士組成，而是由公司外部的人佔主體，其中至少兩名董事必須是非日本籍。第二個解決方式採取德國的兩會制。據此安排，第一個是執行董事會（management board）由公司的一級主管組成，負責日常營運。但是，執行董事會之上還有「監控」（supervisory board）董事會，董事除了橫跨兩個會的執行長之外，全部都是公司外部的人。監控董事會負責挑選以及評估高階主管，決定公司的長期方針，以及政府與社區之間的關係。監控董事會至少也要有兩名是非日本人，董事的背景多元，例如科學、社區領袖等。

雖然股東在許多國家都非常有影響力，可以強勢更換管理階層，但是日本的情況正好相反。事實上，日本企業比較不像是一家公司，而是一個保護管理階層的社會。為了克服公司股東之間的不平衡，委員會建立成立股東巡察機構（Shareholder Ombudsman Agency）。這是一家獨立的機構，有權力開出罰金，挑戰行政裁決，以及代表股東的利益暫緩拓展與併購等活動。它能夠持續監督企業的活動，也可以回應股東匿名的抱怨，適當的時候也可以發出警告或懲罰公司。

稅與金融

振興委員會成立時，日本的財政、投資與貨幣情況都相當黯淡。安倍經濟學這艘大船不斷下沈，也讓日圓、政府公債、投資以及全國消費跟著下滑。由於結構改革這「第三枝箭」帶動不了投資、就業或國內生產總額的成長，日本的央行日本銀行侵略性的量子寬鬆政策掀起一波快速的通膨。雖然通貨膨脹有助於減輕政府公債的負擔，但是也讓利率越過警戒線，吃掉政府的稅收，並且抑制一切新的投資。為了讓情況不再惡化，委員會呼籲，針對銷售金額超過十億美元的所有企業，緊急對現金餘額（cash balances）課稅，目的是降低政府的公債，讓債務在可控制的範圍之內。公司所得到的回報是國有資產的股權，像是橋樑、道路與國家公園，而且在五年之後，每年所獲得的回報不少於國家稅收總額的五%。當然，政府也可以選擇還現金給公司，然後設想用政府預算的結餘來付利息。

因此，穩定政府的財政與日圓匯率之後，委員會的建議再加上其他已經落實的基本結構改革，為日本打造了一個極具吸引力的環境，帶動日本與全的投資者的投資。委員會為了讓環境更親切，還加上稅制改革，降低本國公司的邊際所得稅率至一五%（相當於新加坡與愛爾蘭），降低消費稅至六%，導入一套快速累進的個人所得稅制，針對窮人與中產階級課低稅，但是迅速關上私人公司在鑽的漏洞，對於高所得強行實施七十五%（或更高）的邊際所得稅率。針對資本利得也強行實施很高的稅率（例如因房地產普遍上漲而提升的資本利得），但是對於真正的創新與生產力提升的資本利得則未加稅。

弊大於利。

勞工關係與在職訓練（workforce training）

委員會的結論指出，終身雇用制在日本的高速成長期雖然是資產，但現在已經是弊大於利。

面對著人口的萎縮及老化，日本的問題在於如何盡可能提升勞工的效率。失業以及企業未妥善照顧員工的危險性極小，但是員工困在一個地方動彈不得，且無法帶給整體經濟任何好處的危險性卻很大。因此，委員會提議廢除一般（終身）與非一般（臨時）員工的人為區分方式。薪水、工資、升遷以及各種補貼不再根據年資或一般與非一般的身份來發。任何崗位的職責一清二楚，包括所需的技能、知識、經驗、責任、目標以及期望。聘人看的是條件，而不是從哪一所大學畢業。員工拿到的工作表現評估表，根據的是他的表現是否符合一開始所說的職責。公司無法保證每年都會升遷，但會根據員工實際的表現來做，而不是看員工在公司裡的關係或年資。表現優異的員工會領到一大筆分紅，而表現較差的員工分紅自然較少，甚至是一毛都沒有。特別是對於年輕的技術人員，這可以把機會打開而且也有利於公司。即使研究已經顯示人往往在二十七歲左右有最好及最多的創意，但是日本的年資制與終身雇用制卻扼殺年輕人以及年輕人的創意。其他類似的歧視也要廢除，例如，徵人啟事上限定年齡與性別，履歷要求放個人照以及家庭背景。委員會說：再也不用了！

最後，兼職的補貼要依照全職的比例來發。退休金不再是一次領一大筆，而是納入一般的退休與養老體系。公司必須承擔國家健保與養老金，但是員工的醫療與養老福利不再取決於特定公司的聘用，而是可以跟著人走，也就是說即使跳槽，還是有權利享有這一切。

重要的問題涉及員工有可能被裁員。當然，此處的討論主要是針對所謂的一般（終身）員工。雖然大家都認為終身雇用或是「一般」員工適用於所有的日本工人，但事實上不曾適用於日本中小企業或是兼職的大量日籍員工。「裁員」勢必在人們腦中浮現粗糙的美式資本主義（raw American-style capitalism），日本對此避之唯恐不及。但是，從二十一世紀頭二十年流行的法令來看，日本的企業必須在裁除任何一般員工前，證明自己確實有立即破產的危險。企業也必須進一步證明已經用盡一切辦法，例如砍主管薪水、提供提前退休、重新安置員工等，才能走向裁員。最後，公司也必須證明自己在選擇裁員對象時有所依據。這可以讓裁員的規模降到最小，但諷刺地是，被迫保留過多的員工只是讓公司的體質更虛弱，長期來看有可能讓公司倒閉，並裁掉所有的員工。此外，社會普遍認為公司對於員工缺乏彈性，也造成公司盡可能不聘人。

為了矯正現在的情況，委員會訴求新的勞工法，自此只要公司的表現低於行業的平均值，為了提升生產力與獲利的裁員就屬合情合理。

復興

各項措施結合起來點燃長期與強力的商業復興，至今日本都還享受著復興的成果。幾乎在二〇一七至一八年的改革啟動之後，過去一直不願意進入日本的谷歌，隨即在京都附近打造了一座電腦園區。谷歌的決定是基於日本研究人員持續推進開發便宜與穩定的替代能源。緊隨其後，台灣積體電路（台積電，Taiwan Semiconductor Manufacturing Company）馬上在日本蓋了一座晶圓廠，而穩定的投資也隨著外資進入日本。

其中最為有趣的一項發展是通用與現代汽車進入日本的汽車市場。兩家公司利用日本新的反壟斷法，能夠找到豐田、本田、日產、三菱汽車的經銷商願意代理中國製造的別客（Buick）以及韓國生產的現代。其他部門的新創公司也有爆炸性的成長：每年不再只有十至二十家公司創業，而是有上百家的新創公司，每一年的數量還持續增加。老企業的各個部門衍生出許許多多的新公司，並重新成為獨立的公司。

二〇二五年，三菱飛機公司買下波音公司的主要原因不僅是波音公司的財務困境，也是因為三菱飛機公司的股票飆漲，所以這筆交易完全是透過換股完成。截至二

○二○年代，日本的「中堅」企業已經比德國的還要出名。事實上，許多人誤以為Mittelstand是日文。

最令人欣喜的是三星索尼的表現。公司的總部現在座落在東京，而索尼邊走邊講（Walk'n'Talk）的技術已經滲透大街小巷，而公司的上帝雲端（God Cloud）儲存了全球企業七五％的資料。三星索尼很早就已經取代蘋果、谷歌、華為以及微軟，成為全世界最有價值的企業。

簡而言之，一切都非常順利。

第九章 推翻內部人

您這次出差拜訪的公司和上一次，也就是二〇一五年，來訪問時的感覺截然不同。過去老人們會整天坐在窗邊閱讀報紙——就是所謂的「窗邊族」（まどぎわぞく，窓際族），是指沒有生產力的工人，但因為終身雇用制拿他們沒輒，所以乾脆把人晾在一旁，不抱任何期待，雖然他們還是照領薪水。如你所知，終身雇用制度已經廢除，開會的辦公室充滿活力，員工個個充滿鬥志、忙碌但顯然相當充實，一切都令您印象深刻；您尤其注意到提供給新進人員的培訓課程數量，參觀日本接待您的公司時，課程正在進行。過去三十五年來，政府對於企業體系的態度必然有了一百八十度的轉變，你意識到這種變化，而且想了解這一切如何發生的。

為了知道到底發生什麼事情，我們首先必須先退一步，採取更宏觀的歷史的觀點來分析日本的經濟與聘人的作法。我們從一九八〇年代中美貿易摩擦時期說起，當時美國老闆和政府官員不斷抱怨日本市場禁止進口與外資，但日本的領導者卻堅持市場對外國人與日本人一樣開放，毫無差別待遇。陶瓷製造商京瓷（Kyocera）的創始人稻盛和夫，也就是後來成為特別國家振興委員會一員的企業家，於一九八三年受訪時，藉著京瓷的故事稍微說明這種情況。

稻盛和夫的家世背景並不顯赫，他畢業於九州的鹿兒島大學，而不是東京大學等名校。畢業之後，他並未加入傳統公司，而是在一九五九創業，決心往陶瓷發展。事實證明這是一條異常艱困的路。銀行不願意貸款給一間默默無聞、沒有特殊的關係、沒有顧客、沒有員工，並且由年輕的會長所帶領的新公司。員工不想到這樣的公司上班，更糟糕的是顧客也不想向這樣的公司訂貨，沒有任何一家創投願意投資這種高潛力、高風險的新創公司。稻盛和夫說自己必須從親朋好友那裡湊錢，並且製造一些產品的原型，包括一些半導體的陶瓷封裝材料。然而，日本的半導體製造商對此興趣缺缺。公司沒有訂單，他也不會講英語，但是在絕望之餘，稻盛和夫帶著希望飛到美國，想要拜訪幾家美國半導體廠。德州儀器的工程師願意見他，他覺得非常吃驚，而當德儀訂了一些產品做測試，他更是完全無法置信。產品測試順利，接著就是更大筆的訂單，京瓷成為美國半導體廠封裝材料的主要供應商。

稻盛和夫解釋，之後日本總算陸續有幾家半導體公司下了一些訂單，京瓷逐漸在日本打開市場，搶下很大的市佔率。總之，稻盛和夫解釋了這個故事的寓意：「日本市場不僅對外國人封閉，日本也對日本人封閉！」

這點委員會成員之一戈恩（Carlos Ghosn）有很深的感觸。他解釋自己受邀來拯救日產之後，發現必須顛覆一家「內部人」（insiders）的公司——終身雇員面對一成不變的供應商，所有人永遠都遵循相同、不願改變的「日產風格」（Nissan way）。

從另一個角度來看，委員會成員與軟體銀行創辦人孫正義也了解日本對日本人封閉的看法。他曾經是一個默默無聞的韓裔日本企業家，利用自己的聰明才智，大膽投資行動電話與網絡技術，克服許多障礙並成功攀上日本企業界的頂峰。日本少數女性政治領袖之一，同時是委員的前橫濱市長林文子（Fumiko Hayashi）則是對同樣的議題有另外一種看法。身為日本政治男人圈裡頭的少數女性，她知道日本對於日本人有多麼封閉。

對於不受歡迎的人來說，日本整體經濟在二十一世紀之前似乎愈來愈像是一個內部人互相取暖的社會。農業受到高度的保護，享有驚人的補貼。大型的營造工程經常有**團子**（*dango*）在圍標。如第七章所言，電力公司壟斷日本的電力產業，有時候還和上級監督部門合謀。製造商都有專屬的供應商以及經銷網路。舉例來說，汽車的經銷商只與一家車廠往來，不會像美國的經銷商一樣賣進口車。其他像造紙、平面玻璃（flat glass）、肥料與水泥，主要廠家的市佔率過去五十年來幾乎沒有明顯的變化。二

2012 年 OECD 各國的勞動生產力水平

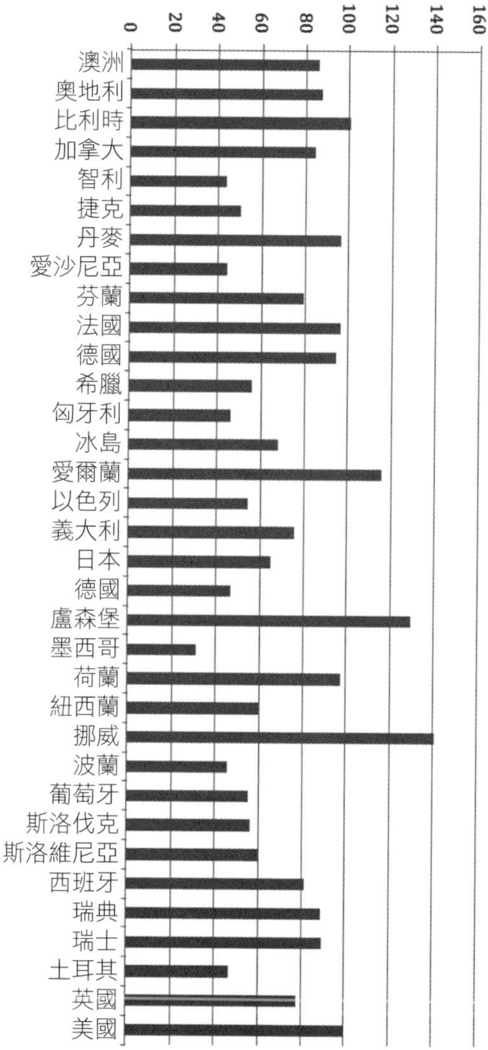

資料來源：OECD Statistics, Labor Productivity Levels

〇一三年，日本的汽車廠被爆出在過去十年來一直操控全球汽車市場的零件價格。這只不過是重演一九七〇與八〇年代之間消費性電子的廠商行為。事實上，我們清楚看到，戰後整個**系列**體系的建構，交叉持股、管理階層控制以及和菁英官僚之間的密切聯繫，都是在袒護內部人。隨著交叉持股逐漸式微，抵抗外人的力量還是非常強大，而且靠著經濟團體聯合會（Keidanren）、貿易聯合會（Rengo trade-union confederation）、日本農業協同組合（Japan Agricultural Cooperative）與日本醫師會（Japan Medical Association）等團體持續下來。

雖然短期來看可能有利於相關的廠家與團體，但是長期來看卻是傷害了一個國家的生產力，也就是最終決定國家福祉的因素。二〇一二年經合組織的生產力指數可以看出各會員國之間的差別。生產力指數以美國為一百，挪威、盧森堡、比利時與愛爾蘭稍微高於美國，其他的國家都低於美國，荷蘭九七・七、法國九六・六、德國九四・六、瑞典八八・九、西班牙八一・二、英國七七・六、義大利七五・八，最後是日本，僅有美國生產力的六五・一。日本的表現為什麼這麼差？難道日本體系只對撐起體系的人有利嗎？

長遠看來，生產力高會讓國家富裕，生產力低則是讓國家陷入貧窮。特別是對於人口老化與人口減少的國家來說，例如二〇一五年的日本，國家福祉唯有靠著生產力的成長勝過人口減少帶來的負面效應才有辦法增加。日本現在的排名那麼低，也就表示它持續滑向貧窮之列。

生產力當然由許多因素撐起，但是二〇一二年經合組織的報告發現，任何國家的整體生產力提升，四〇％是因為年輕的公司取代老的企業。此外，另外一三％則是因為在同業之間效率較差的公司市佔率由效率較好的奪走。這是因為新的公司能夠更快發揮新的技術及觀念。老公司既然有許多資本，工人也在比較僵化的體制之中，也就不大敢採取相對大膽的舉動，或是因為各種社會與政治因素而無法更靈活。因此，經合組織強調，不斷有新公司進入市場是國家生產力穩定成長的必要條件。

或許，更重要的是要允許缺乏效率的公司關門，如此一來就可以釋放出受困的資金以及人才等有價值的資源。一九九〇年代針對日本的研究已經證明這一點，抗拒老公司在面對有競爭力的新公司時退場，只是讓「殭屍」（zombies）活著，而讓新公司死去。但是，〈東方經濟學人〉（*Oriental Economist*）的編輯卡茲（Richard Katz）在二〇一三年就已經指出，倒閉的新公司生產力遠高於靠著直接與間接的補貼而苟延殘喘的老殭屍。經濟學家深尾京司從二十一世紀左右的一系列研究確認了這一點，他證明在各個產業之中，離開的公司總體要素生產力（TFP）要比存活下來的公司還高。因此，日本企業逐漸出現一種逆向的達爾文進化論，「不適者生存」成為規則，比較各國進

公司流失比例（日本 VS. 七大工業國）

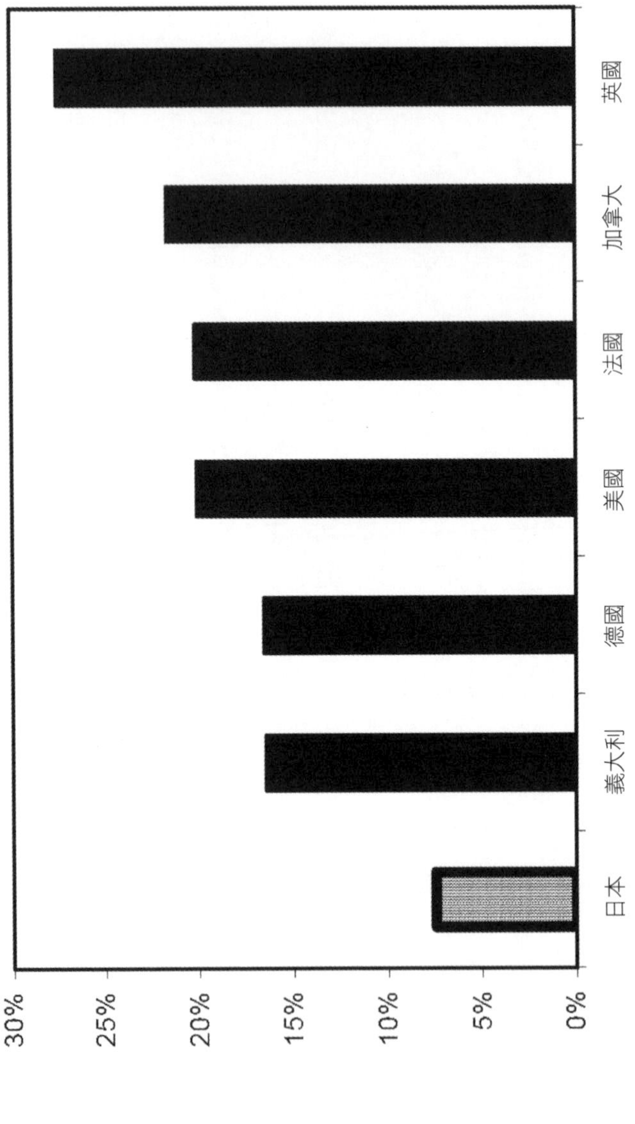

資料來源：OECD (2001) and Management and Coordination Agency

競爭與公司流動帶來的總體要素生產力成長

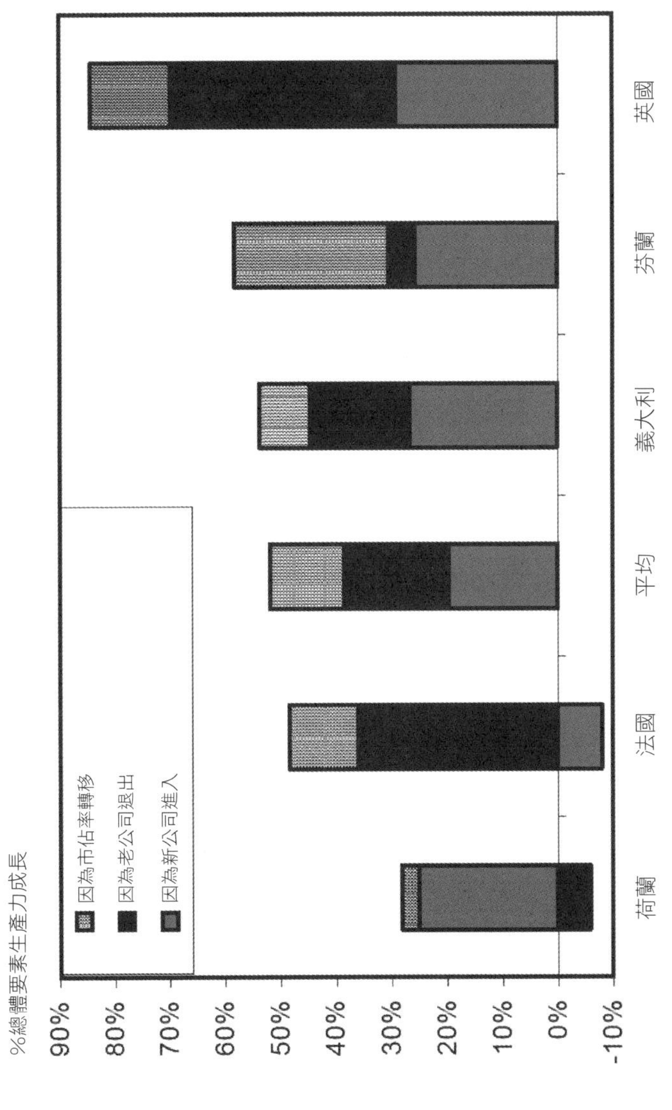

資料來源：OECD (2001).

註：括弧裡面是製造業每年的平均 TFP。

法人註冊的數量以及公司進入與退出的比例

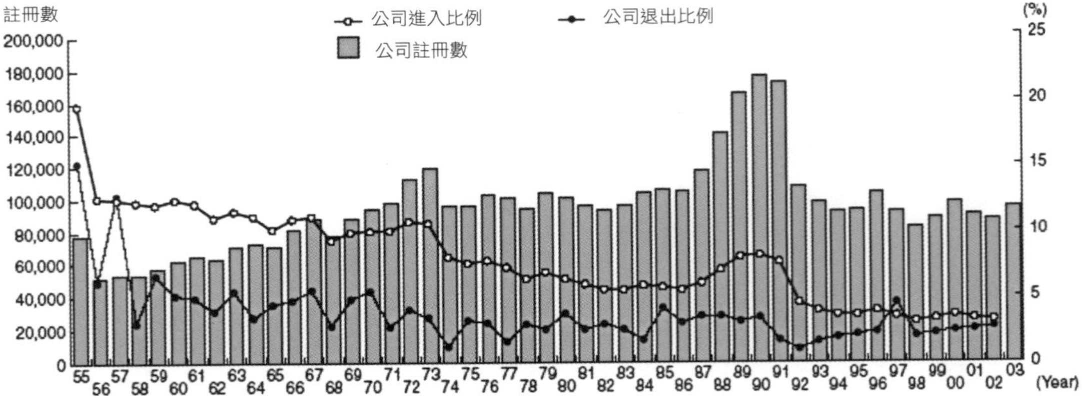

入與退出市場的公司可以看出這種變化。二十世紀末與二十一世紀初，經合組織的年度資料顯示，日本每一年進入市場的新公司佔所有公司數的四%（請見圖）。這個比例是瑞典的一半，也是OECD各會員國之間比例最低的國家。同一時間，日本公司倒閉的比例也是最低。換句話說，日本產業的模式是不計代價要讓現有的秩序存活下去。

比較出口導向與國內導向的部門，這一點也就特別明顯。雖然進口部門的市佔率、排名以及新公司進入市場的情況有明顯的改變，國內部門幾乎沒有任何改變，而國內市場畢竟是經濟的主體。所以，國內導向的公司似乎都同意可以不擇手段地避免競爭。

維持現狀的意義

一個快速成長的經濟體，有年輕人還有相對低薪的年輕工人穩定進入職場，再加上穩定的公司體系提供訓練以及長期的穩定感，有著許多的優點。但是，委員會二〇一五至一六年之間見到的是經濟低迷、人口減少、以及老年人與年輕人鴻溝愈來愈大的社會。因為年資制度相當穩固，年紀較大（而且往往生產力較差）的工人較受禮遇。確切地說，一旦經濟停滯，一般工人雖然要面對上班時間改變、調動以及紅利減少，但是他們的職位卻相當穩固。法院的裁決使得大規模的裁員有如天方夜譚，而且如第八章所言，政府不論如何都會補貼企業以避免裁員。除此之外，失業給付以及養老金都與工人的職位及公司掛勾。因此，年紀較大的核心員工就受到日本各種社會保障標準的保護。

但是根本就不是全部的勞工都有保障。二〇一五年為止，全日本大約有三分之一的勞工是兼職或臨時工，未享有適當的社會安全網。貿易聯合會（Rengo）在這方面的幫助也非常有限。理論上來說，聯合會的成員是內部人，而且因為貿易聯合會是領導企業聯盟，所以它強力的反對更彈性的勞動力。貿易聯合會關心的是現有的核心員工，而不是失業的工人與失業的年輕人。

二〇一四年，日本三十五歲以下的勞工失業率是八%至一〇%，乃全國平均失業率的兩倍。官方統計的失業人口總數大約有一五〇萬人。不過，根據政府的估計，所謂的自由工作者（freeters），也就是臨時工作的兼職人員，大約有四〇〇萬人。此外，從二〇一〇到一五年之間，千葉商科大學校島田晴雄在一系列的文章與著作中提到，「非固定」員工的總數一八八一萬人，全部都處於低薪且不穩定的狀態。其中，大約有一半是年輕人，也就是說至少有一〇〇〇萬從事的是低所得、沒有在職訓練、沒有辦法養家甚至是沒有任何退休保險的工作。二〇一五年，八名在職的員工要養一個七十歲以上的退休人員。但是，二〇一五年才二十五歲的人到了退休年齡，情況很有可能變成是〇．七個員工養一名退休人員。因此，即使年輕的工人先扣了不少退休金，但等到退休的時候卻可能領不到。更糟的是，據估計參與勞退的人員大約有四成繳的錢根本就不夠。因此，未來退休金制度是否還在的確不無疑問。醫療保險也已經接近破產，前途堪慮。

京瓷社長稻盛和夫在一九八三所描述的情況到了二〇一五年甚至更為真實。日本的經濟「對日本人封閉」。老牌的公司與機構，也就是內部人，找遍全世界就是為了阻止任何新公司的崛起。老公司培養不了太多年輕人，然後讓他們少數的年輕人負擔過重。諷刺之處在於，未來惶惶不安是因為日本想要不計代價維持現在的穩定與安全感。

當然，安倍內閣並不是完全對此視而不見。二〇一三至一四年之間政府推出的「第三枝箭」，想要達成重大的結構轉移，並解決這一類的問題。如同之前所述，政府呼籲增加女性在企業的角色，並且建立基金幫助刺激「瘋狂」的想法與新創公司。除此之外，日本還設立了六個經濟特區，特區裡減稅、放寬管制措施與裁員的規定，人事評估是以生產力而不是年資或工時為準。日本試著降低工業與農業團體的政治權力，例如日本農協（JA）。問題在於，這雖然都是些有益且必須經歷的步驟卻並不夠，而且不論如何都將因落實時只應用在部分地區，或是只應用到一些狹隘特定的例子，或是推出過於緩慢，而讓效果出現折扣。

委員會因此呼籲針對五個方面進行完整且徹底的改革：社會保障與社會安全網、在職訓練、農業、醫療與競爭行為。

社會安全網

諷刺的是，日本二十一世紀初社會保障與安全網實際上是讓社會更不安全，因為社會安全網與人是否在公司有工作息息相關。如果工人無法到找到一份固定的工作，或是因為任何理由失業，不論是生活或是職業訓練所得到的支持相當有限。這也給政府與企業界帶來公開的壓力，要維持組織的存活，要盡可能讓更多人就業，並盡量讓人多工作幾年。事實上，日本的失業保險制度形同虛設。

雖然日本的失業率看似較低，但低度就業（underemployment）非常高。委員會在北歐找到解決方式。北歐國家和日本一樣都非常重視高度的收入不平等與社會和諧，兩地一九五〇至七五年之間經歷快速的經濟成長。北歐也和日本一樣從一九八〇年代初累積了結構性問題，導致銀行危機、經濟停滯與衰退，並且一直延續到一九九〇年代末期。比方說，丹麥一九九三年的失業率超過九%，而且有近十年的時間，每一年國內生產毛額的成長率不到一%。瑞典的國內生產毛額在一九九一年至一九九三年之間掉了六%，失業率在一九九四年超過九%，政府的預算赤字達國內生產毛額的一三%。同一時間，瑞典為了維持強勢的貨幣（克朗），央行在一九九二年把利率提高五〇〇%。蘇聯一九九一年底解體，使得芬蘭頓失主要市場，一九九二年至九三年之間國內生產毛額下滑了一三%，失業率爬升到一七%。全世界的評論家開始說：「福利國家已死」。

但是，北歐國家重組經濟，持續強調北歐模式基礎的平等以及穩定，並同時廢除缺乏生產力的政策、組織與作法。他們並未放棄福利國家，而是進行重構。一九九二至二〇一二的二十年間，北歐各國的國內生產毛額與生產力的成長是經合組織之中最高的國家，同時失業率也降到五%以下。二〇〇七至二〇〇九年的全球經濟危機期間，北歐的失業率稍微上升，但幅度並不像其他歐洲國家或美國那麼大，雖然成長趨緩，並不像日本那樣通貨緊縮。二〇一三年，世界經濟論壇（World Economic Forum）分別將芬蘭及瑞典列為全世界最有競爭力的國家第三及第六名。二〇〇六年，里斯本（Lisbon）歐洲各國經濟成長與競爭力排行，丹麥與瑞典分別名列第一與第二。更重要的是，如圖表的另一面所顯示，北歐國家的改革與復甦，並未犧牲工人與百姓。從一九九五至二〇一五的二十年間，北歐國家的公民享有世界上最高的工資、最低的失業率以及最平均的收入。

他們之所以有此成就，靠的是一套「彈性穩定」（flexicurity）的體系，也就是能夠回應市場訊號的彈性體系，同時給人民提供穩定及高度的平等。關鍵之處在於從強調「工作穩定」轉換到強調「收入與就業穩定」。北歐國家並不是想辦法把一個人綁在特定組織的特定工作上，而是有一套彈性的體系，關心的是提供失業者慷慨大方以及容易申請的補助，付費協助他們發展新技能，主動協助他們找新工作，並且讓完整的醫療與養老保險與特定公司或職位脫勾。換句話說，穩定以及保持高度平等的管道會直接提供給公民，而不再透過雇主間接提供。

稅後國民收入比例與政府支出

	最貧窮 30%	中間 40%	最富裕 30%	比例 *
挪威	16.4%	36.6%	47.0%	2.9
丹麥	16.0%	42.9%	41.1%	2.6
瑞典	15.5%	42.1%	42.4%	2.7
芬蘭	14.18%	41.5%	43.8%	3.0
日本	11.7%	41.3%	47.0%	4.0
美國	10.9%	39.2%	49.9%	4.6
平均	13.7%	39.8%	46.6%	3.4

資料來源：OECD 2005 and 2007. Data on 19 countries from 2000

由此可見，即使改變摧毀了現有的組織與工作，北歐國家也樂於改變，因為改變實際上改善了他們的生活條件。公司與工作可能有來有去，但是人民在更懂得創新的公司不斷有新的以及更好的工作，也會因為經濟與生產力的成長而過得更好。北歐的成長也因為另一項事實，「彈性穩定」的薪水在過去幾年逐漸消失，因此員工如果失業就無法度假。反之，他們面臨著盡快重新接受訓練的壓力。

此事對於社會結構的影響耐人尋味。如同前一頁的圖所示，經合組織一九九五至二〇一〇年之間，針對世界最富有的國家所做的研究顯示，單純從市場變化來看，日本工資最低的三分之一人口，佔全國收入的比例高於其他國家。但是，扣稅與轉移之付之後，挪威與丹麥工資最低的三分之一，可支配收入的比例最高，日本排在中間，而美國則是墊底。此外，丹麥與瑞典政府為了將所得從富人轉移到窮人做得最多，美國與日本實際上做得最少，反之則是把更大比例的所得從富人轉移到中產階級。事實上，日本的財富重分配（redistribution）幾乎都是轉往中產階級。以二〇〇〇年經合組織的研究為例，政府採取任何措施之前，日本的社會平等指數排名第三，但是在政府干預之後排名第十，而政府採取措施之後則是名列最後。

北歐制度的一項因素在於它不但確保各個收入階級之間的平等，也確保整個生命週期的平等。因此，丟掉工作或是生病並不是失去房子或走進貧困的預兆。但是在日本的體系之中，平等看似自然的市場結果，但實際上卻是要操控整個經濟結構才能辦得到。現在，市場導向的改革、轉向非正規工人、衰退的競爭力以及全球化，正在侵蝕日本明顯建立在市場之上的收入平等，並且有效地以美國的模式再造日本。

把工人放到合適的工作，不是把工作塞給工人

委員會非常希望日本別以此方式再造，所以呼籲落實彈性穩定（flexicurity）要配合日本的環境。這是一套三方的經濟模式，涵蓋完善的總體經濟基礎：全球市場導向的商業與勞動架構、高度穩定的所得以及平等。低通膨政策將使得工人大幅調薪顯得多餘，而且會讓日本的生產不具競爭力。高成長與生產力可以提升就業與政府收入，因此也可以提供資助社會福利的工具，像是適當的失業補貼、公共孩童照顧、醫療以及教育及再訓練方案。這一切都將讓工人樂於迎向必要的改變，讓他們擁有北歐人所說的「就業穩定」而不是「工作穩定」，藉此振興國家經濟。

改革要有成效，工人絕對需要高品質、廣泛的在職訓練與提升技能的方案，而且公司與其他用人單位也要可以接受。以北歐國家還有荷蘭為例，二十一世紀初政府花在此類方案的經費達到國內生產毛額的一．五％以上。因此，丹麥與瑞典隨時都有三

〇%的成年人加入成年教育與訓練方案。因此可見，我們可以把彈性穩定想成是一種人的**改善**（*kaizen*）與不斷改進。整套體系的運轉需要一套均衡的勞工管理架構。幸運地是，日本貿易聯合會（Rengo）底下運行的同業公會已經有很廣泛的基礎，每一年有工資運動，強調整個國家的經濟議題。因此，委員會似乎認為彈性穩定（或許有日本特色）對於日本來說應該不難實施。不過，委員會也很謹慎地強調採用彈性穩定，也就代表偏好僵屍的時代已經過去，嚴格限制公司裁員以及年資制都已經成為歷史。貿易聯合會會把焦點轉移到促成職業的訓練與再訓練，刺激新公司創業（或許還會有資本投資），支持僵屍企業的重組。

日本農業合作社的結束

經濟部門最抗拒改革，農業則是前浪扼殺後浪與劣幣驅逐良幣最好的例子。

二〇一五年，日本總數約二〇〇萬的農民絕對不是擁護自由市場的資本家。他們耕種的土地受到嚴格的界定與管制，劃為農地的土地不能出租或是出售施以他用，甚至小農不能轉租給大農戶達到更好的效率。事實上，許多農業政策都是圍繞在如何限制農地要用來種稻米，甚至是圍繞在如何讓整片稻田脫離生產。除了政府的管制之外，農民的生活也完全受到「日本農協」（JA）的控制，由政府授權這個機構負責指揮管理全國七百個地方農業合作社，藉此推動農業政策，並管理農民的大小生活。一九四二年，日本為了提升戰爭時期的農業生產而設立農協，幾乎把所有的農民都納入，讓他們透過農協才能拿到農具、信用以及銷售農作物。農協跟其他農業合作組織不同，他們可以建立自己的金融部門。因此，農協可以先替農民領取政府的補助，然後扣掉肥料與其他物品的開銷之後，再把錢轉到農民的戶頭。這些錢都存在農協銀行的帳戶，然後再由農協透過農協共濟（National Mutual Insurance Federation of Agricultural Cooperatives）提供必須的保險（總資產五百兆日圓，大約是四千億美金），當然農協底下會有委員會負責配送與銷售底下農地所生產的稻米。農協的權力來自於一三〇萬個小農與喜歡耕田者的選票，根據一塊田一張票的原則，一三〇萬已經超過總數兩〇〇萬的半數。有效率不需要農協的大農場，則是被迫在沒有效率的多數人所制訂的壟斷規定下做事。最重要的是，農權不受反壟斷法的約束。

雖然務農本身賺不了大錢，不過農協主要靠大部分的活動以及有利潤的生意賺錢。但是，農協的生意主要是建立三根愈來愈不穩的基柱。第一，生意一直是在小農戶為主的結構之中進行。第二（順著第一點而來），持續在許許多多的小農地上耕種，成本愈來愈高。第三，政府為稻米付出的高昂管理費。事實上，經合組織二〇〇九年估計，日本政府每年在農業上的開銷五兆日元（四十二億美元），相當於農業的國內生產毛額。農業之所以可以存活，只是因為政治體系扭曲才辦得到。不正常的選區劃分方式（Gerrymandering districting）也就表示農村地區的每一張選票，相當於都會區的二．四張選票。因為農協經營的範圍包含整個農村經濟的核心而不光是農業，所以對農協政策的支持遠大於〇．九％國內生產毛額以及三．八％就業人口所代表的意義。事實上，由於農村的選票權重較大，農協大約牢牢掌握國會眾議院（下議院）四成五的席次，以及參議院（上議員）高達六成的席次。政治領袖非常害怕與農協作對，因此也就可以看到日本的農業價格嚴重扭曲。比方說，日本的消費者為稻米付出的價格，大約是全球平均價格的七倍。

二〇一三至一四年，安倍政府打算廢除土地使用的限制，也因此呼籲農協要自願發起改革。想當然耳，農協不會這麼做。反之，農協努力進行遊說，成功澆熄並阻撓安倍的計畫。但是，安倍內閣也大力反擊，因為政府瞭解有必要削弱農協的權力，否則就會一敗塗地。二〇一五年，安倍打算通過一些決定，對農協進行分割，要求農協的貿易部門全農（Zonnon）獨立，接受反壟斷法的約束，而不再像過去一樣得以豁免。此外，農協的金融部門也改由政府的金融監管單位主管，打破傳統不再由農林水產省監督。

雖然這在當時似乎是一大進步，委員會卻覺得還不夠，進一步要求農協配合壟斷特權的取消，馬上把銀行、保險公司與供銷權分割。委員會還要求農林水產省解散並完全重組，最後還呼籲立即解除農地租賃與銷售限制，完全取消農產品進口關稅。這有效廢除稻米與農地的價格支撐體系。為了馬上在新的農業生產領域取得競爭力，委員會也建議支付老農民一次性的退休金，給那些願意提早退休把土地賣給大型、有效率的農場與農業創新者，讓他們去追求高附加價值的農作物。

低花費的健康

除了農業，二十一世紀初日本的醫療體系基本上有如劣幣驅逐良幣的問題縮影。諷刺地是，這個國家有卓越的醫療技術，整個國家健康情況出奇地好，平均壽命八四・六歲也是世界最高。MRI與電腦斷層掃描的人均分配數，以及醫療的先進技術也都獨占鰲頭。比方說，二〇一三年中，索尼儘管身陷困境在走下坡，還是引入一款頭戴式掃描器，做手術的醫生戴上之後兩隻眼睛可以看到內部器官的3D立體畫面。諸如之類的發展讓首相安倍在射出二〇一二至一五年的「三枝箭」計畫時，把打造醫療技術列為日本未來的新產業目標。但是，日本醫療技術的成功與日本人的健康，其實是受到醫療體系負面而不是正面的影響。事實上，醫療體系反而漸漸增加日本人的健康風險。

日本的健保制度於一九六〇年代初建立，而且運作起來似乎是所有人的理想制度，每一個人都受保險覆蓋，快速成長的經濟再加上人口年輕，所以百分之一的國內生產毛額著實不多，平均壽命很長，而且不斷增加。人民只需要負擔一點費用就可以到任何一家醫院與診所看病，一段時間之內因為同一個疾病看不同的醫生，或是到不同的醫院與診所，完全都不用再付費。所以，因為同一個疾病可能會由好幾個醫生做不同的檢查與治療。事實上，有的時候病人以生病為由到醫院看病，只是想要和朋友聊聊天。此外，因為保險的支付是看每一項療程，所以醫生往往會做很多檢查。

但是，一九八〇年代末九〇年代初，日本的經濟成長趨緩與人口快速老化，也讓日本的醫療樂園變得不大理想。除了經濟與人口兩項因素之外精密，愈來愈昂貴的醫療技術快速推進也是其中一個原因。成本逐漸提高，整個體系漸漸面臨破產的風險。政府的回應政策是控制檢查的次數以及定額給付。正如千葉商科大學教授島田晴雄所說，日本二〇一五年的醫療體系在許多方面還是很像舊蘇聯的計畫經濟。舉例來說，私人保險的使用嚴格受限，無法結合國家的健保，理賠健保所沒有涵蓋的療程。日本醫師會反對放寬限制。此外，電話問診以及遠端看診也都受到法令禁止。

病歷通常也尚未電子化，而且外界，即使是醫療工作人員，也拿不到。因此病人會有好幾套病歷，只要到另一家醫院或是看另外一個醫生，就會有新的病歷，病人也看不到自己完整的病歷。因為大部分的醫生不想要受到監督或比較，醫師會也就不提供所需的資訊，所以醫師診所、醫院與醫療服務也就沒有評比或標準。更慘的是，「打賞」醫師的生意愈來愈旺，因為政府開始嚴格管控費用與價格來控制成本，所以病人會多塞點錢給醫生，試著換來想要的管道與治療。

儘管醫療體系的人手長期不足（尤其是護士），卻因為政府嚴格限制有執照的外國醫生以及護士加入日本醫療體系，問題也就進一步惡化。醫生比較喜歡在城市工作，所以鄉村地區醫生短缺的情況特別嚴重。日本有些地區為了解決醫生不足的問題，會提供獎學金給越南籍的醫學院學生，然後他們承諾畢業之後會來到當地服務。這有點像農業以及日本農協，內部的人靠著外部每一個人的犧牲獲利，而這將造成整個體系的崩潰。

委員會在美國與歐洲找到解決之道。委員會呼籲要建立類似美國凱薩醫療機構（Kaiser Permanente）的體系，病人的病例完全數位化，任何人在病人與醫生的指示下就可以上網存取。委員會特別強調首相推動發展E-基礎設施（-infrastructure）以及E-保健（e-health），並且呼籲醫療分級，讓區域醫療中成為有先進、完整設備的急診與手術中心，地方診所則是可以處理診斷與一般病人的治療。當然，醫療中心與診所可以透過電腦連線，任何地方的醫生都可以從電腦看到病人的病歷以及其他資料。這種體系相當適合日本，因為日本有超凡的大眾運輸網路，使得病人可以依自己的情況找到最適合的地方做治療。

委員會也進一步呼籲建立一套類似歐洲所風行的混合保險體系，由國家的健保提供基本的給付，然後由人民想要的各種私人保險自行補充。在此制度之下，醫療費用與價格不再受到管制，但是保險的給付是以「論質計酬」（pay-for-performance）為基礎，取代傳統的「論件計酬」（pay-for-service）。如此一來，政府的健保只涵蓋提供資料以及參與評比來改善醫療品質與效率的醫院及診所。最後委員會也呼籲修訂日本醫師會的內部規定，替組織打造透明以及適合競爭的標準及程序。

保護太多競爭太少

前文提到，日本企業在國內市場的績效不彰，顯然是生產力不如其他已開發國家的主要因素。二〇〇〇年，麥肯錫（Kinsey & Company）顧問公司做了各行業的生產力分析，發現低生產力和缺乏競爭息息相關。比方說，日本的零售部門生產力特別低，因為大規模高效率的零售商無法克服政府對於小型傳統零售商的保護。這些小店開在小鎮的中心，每一間只由兩三個家人經營，但卻佔了零售業五五%的人力，而規模較大效率較好的零售商卻只雇用一二%的銷售人力。由於小店沒有多少購買力，也不懂得行銷，有東西賣而整體服務很差的時候，價格還是很高。這些小店之所以可以存活，靠的是銷售的分區規定（zoning regulations），限制大型零售商到當地設點，而且每年還有超過六兆日圓（五百億美金）的補助與貸款。

食品加工業也因為缺乏大規模的生產而有低生產力之苦，生產力僅有法國與美國的三五%。日本的食品加工業者大約是美國的六倍，但生產的量遠不如美國。大部分的加工業者只針對本地的市場生產，不會有太多國內的競爭，而這主要是許多小型受保護的零售商控制所產生的結果。由於市場如此，廠商往往生產少量多樣的地方特產，也就無法在生產上做到規模經濟。比方說，本地的牛奶加工廠會從附近七個地區的農場收到生乳。加工的時候並不會把所有牛奶混在一塊，放到一個大爐子裡更有效率的處理，然後一起賣給周邊地區，而是把每一個地區來的生乳，放到不同的爐子，然後每一個爐子處理的牛奶只在牛奶的來源地區販售。當然，因為低生產力的製造方式，所有的牛奶都相當貴，但因為缺乏競爭，消費者除了多付點錢，也實在別無選擇。

另一個例子是日本的住宅營造業，這一行的生產力也只有美國的三〇%。營造業都是使用手工器具與傳統工法的小型公司或木匠。由於這些建築工人沒有太多管理經驗，也沒有大型的工程計畫，所以購屋的消費者選擇有限，但是價格卻比那些可以輕鬆選擇的地方還高。因為銷售區的劃定、小建商的減稅優惠、建築標準規範嚴格、建商協會以及不動產部門缺乏資訊透明（比方說未實施實價登錄），競爭受到嚴格的限制。

而在大型國內市場導向的產業部門，競爭也經常是相當薄弱，或者是根本不存在競爭。玻璃、水泥、塑膠、肥料、化學藥品與紙的價格都相對較高，而大廠的市佔率多年來基本上毫無改變。其中一個原因是反壟斷法以及負責執法的日本公平交易委員會力量薄弱。另一個原因是日本經濟團體連合會（Keidanren）相當強勢，努力遊說反對法律落實。

二〇一三年十一月初，東京高等法院的判決充分說明事情是如何運作。文化廳設立的日本音樂著作權協會（JASRAC）是代表藝術家收版稅的壟斷機構，收取電視台（廣播）一．五％的收益，而不管協會管理版權的曲子播了幾次。音樂著作權協會管理旗下音樂所收到的版稅，大約佔每年整體音樂版稅二六〇億日圓（二億美金）的九九％。如果要使用不受著作權協會所管的音樂，電視台或廣播要付更多的版稅。雖然二〇〇一年的新法已經刪除音樂著作權協會的合法壟斷地位，但實際上還是沿用過去的作法，並且阻止獨立藝術家的音樂公開播放。此外，因為音樂著作權協會的壟斷，錄製音樂在日本比在其他已開發國家還要貴上許多。但是，日本的公平交易委員會並未採取任何行動落實新法。事實上，協會拒絕藝術家與消費者的抱怨。一直要到高等法院在二〇一三年針對一起抱怨做出判決之後，事情才有了改變，而這已經是法令通過的十二年之後。

競爭政策的弱點深植在日本長期的歷史。二次世界大戰之後，佔領軍首度引進反壟斷法與公平交易委員會並解散財閥。但是，一九五二年舊金山合約（San Francisco Peace Treaty）協商的過程中，佔領軍政府同意放寬法令的應用，並且允許各種情況下的卡特爾壟斷。由於美國貿易官員與外商的施壓，還有一九七三年石油危機期間日本石油公司爆發操縱油價的醜聞，所以法令在一九七〇年代又得到強化。但是，實質的影響有限。通產省（MITI，也就是後來的經濟產業省 METI）接手公平交易委員會，並且在反競爭的作法愈演愈烈時，限制公平交易委員會的角色。法令缺乏判決藐視法庭的權力來確保被告服從公平交易委員會的命令，而且總歸一句，處罰相對較輕，所以反競爭受到的處罰也就是做生意的成本罷了。

振興委員會的回應是呼籲仿效德國的聯邦反卡特爾署（Bundeskartellamt），建立新的公平交易委員會模式與歐洲競爭管理局（European Competition Authority），打造新的公平交易委員會。委員會要求新的公平交易委員會要完全脫離經濟產業省，提高預算與人員編制，才能真正完全的獨立。公平交易委員會的預算全部來自於國會，預算不依附在其他組織。除了調查與罰款之外，公平交易委員會也可以針對違反公平交易法的企業或其他機構的老闆，提出刑事控訴或求處徒刑。公司或是公司負責人有罪的話，罰金可以增加變為三倍罰金（triple damages）。更重要的是，委員會呼籲新的公平交易委員會必須致力於維持一個公開與競爭的商業與制度環境。這項法令不只是要找出並處罰違法行為，也要不時研究與評估所有市場的開放程度，並提出建議來廢除過時的規定、改變銷售分區的法令、砍掉補助以及徹底檢查其他規定等妨礙創新、偏袒內部人、阻止新廠商以及破壞競爭的作法。也就是說，委員會呼籲公平交易委員會要擔任開放的商業模式與社會真正的保護與捍衛者，並且呼籲法庭有權力使用藐視法令來執行公平交易委員會的指示。

最後，委員會也進一步防止經濟團體連合會與其他有力的遊說團體扭曲政治過程。它呼籲要採取類似於加拿大的規定，只允許自然人（不包括法人與社團）採取政治行動。

新日本模式

當然，到了二〇五〇年，我們在身旁看到這些大膽舉措所帶來的結果。日本不再是雙軌經濟。不僅是全球的日本企業在生產力名列前茅，零售商、銀行、醫院、診所與其他中小企業的生產力也不惶多讓，日本經歷了第二次經濟奇蹟。社會不再分化為兩邊，一邊是終身安穩的工作，另一邊則是自由與臨時的工人，而需要補貼才能存活的低效率公司也不復存在。現在，正在找工作或需要換工作的人隨時可以取得新的訓練與技能。個人的穩定在失業給付與再訓練的獎金下獲得保障。可以獲得保障與晉升的是個人而不是公司。全部工人的地位一律平等，不再分成一般與非一般員工。所有人領薪水的依據都一致，而拿到的福利也是按相同的比例分配。新人與舊人可以按照個人意願輕易加入或離開公司。

除此之外，隨著私人保險的引入，以及醫療技術與創新湧現，日本的醫療已經是世界首屈一指，農產品當然也是。事實上，日本的食品與農產品出口在日本推動農業改革並加入**跨太平洋戰略經濟夥伴關係協議**ＴＰＰ（Trans-Pacific Partnership）之後蓬勃發展。彈性穩定、自由貿易、農地自由使用、公私結合的醫療保險與醫療e化還有各部門的開放市場，使得日本可以重返昔日的榮耀。

第十章 跟著人民提升，隨著官僚沈淪

你覺得東京令人印象深刻，但是現在你來到大阪，你開始懷疑自己造訪的不是另一座日本城市，而是來到另一個國度。「新加坡」這個名字不斷浮現在你的腦中。一切看起來都比較新，設想比較周到，做得也比較好，尤其特別值得注意的是當地人的精力與動能。儘管東京的成就相當明顯，但似乎充滿著形式主義，瀰漫著一股官僚氣息，也有著傳統日本政府中央集權的沈重感，有時候還會感覺到一些失落感，一種在過去的大王國首都中才有的感受。但是在大阪，你完全感受不到這些。事實上，你的體會可能完全相反。你察覺大阪的官僚與中央權力已經被推翻，而當地人民的力量完全釋放。這一座令人刺激且帶有未來感的城市，已經搖身一變成為各領域卓越的中心，從醫療到工程再到美食，而且堅定地展望著未來。你當然想知道這個你所瞭解並喜愛的傳統的、集權的日本，如何在一夕之間走上這條全新的治理之路。

福島的例子

儘管福島的面目全非，但是核災也有正面積極的一面，也就是日本人民的行為，尤其是住在地震、海嘯以及核電廠附近的居民。一旦遇到相同的情況，美國與菲律賓等其他國家通常會出現洗劫與暴動，但日本完全相反，毫無混亂的跡象。事實上，全世界都因為日本老百姓所展現出來的耐心、有序、勇敢以及迅速組織救災而驚奇不已。這是日本最好的一面。那些瞭解日本的人經常說這個國家最大的力量就是人民有著克制、堅忍不拔的特質，還有完整的基本常識。日本靠著自己的資源，似乎可以自動自發地以最有效率、快速且盡可能公正的態度，組織並達成他們的目標，沒有任何的叫囂與爭論。

但是，日本也是一個遵守儒家禮教的國家，他們非常敬重長者、上級與官員。這些態度與想法在**官尊民卑**（*kanson minpi*, かんそんみんぴ）這段古語可說極為傳神，也就是尊敬官員而鄙夷人民，二次世界大戰前的歷史學家與作家用此傳達儒家社會之中統治者與被統治者之間的關係。官尊民卑源於中國然後傳進日本，在這樣的體制下，教育程度高的仕紳與官僚以君主之名實行絕對的權力。官員備受推崇且酬勞優渥，所以每戶人家都希望至少有個兒子可以魚躍龍門。當然，官員之所以有如此權力的原因在於普通人沒有權利，也因此官員可以踐踏老百姓而不用擔心受罰。

十九世紀末與二十世紀初現代化過程中，日本採取了一套治理體系，把權力集中在東京的中央官員之手，有點像是法國模式主要由巴黎的官員實行控制。二次世界大戰之後，日本佔領軍根本沒有放鬆的意思，實際上是進一步緊縮。美國的佔領軍名義上在一九四五年控制了日本政府，顯然他們不瞭解日本，也不知道如何統治日本。他們實際上是透過現有的官僚體系進行管理。隨著日本的軍隊落敗與解散，戰前的財閥逐漸解體，而美國的佔領軍根本就不瞭解他們在做什麼，官僚體系也就大幅度擴張自己的權力。在美國強力支持下，日本的自民黨一黨獨大，而菁英官僚與自民黨關係密切，也和受到官僚管制的大型會社互動頻繁。這些會社基本上讓官僚走上事業的第二春，因為他們來到五十五歲強制的退休年齡之後，有機會走進所謂的**旋轉門**（*amakudari*），走下官僚的天堂，進入一個沒那麼稀有但卻更有利可圖的企業賺錢環境中。事實上，光是建立龐大的特別顧問網路，以及退休的官僚退休後經常轉戰的商業協會職務，本身就是一門很大的生意。大部分的部會都竭盡心力讓自己的官員在退休之後空降到一般公司。但是，這種情況隨著醜聞的發生以及新政黨的崛起，在一九九〇年代之後稍有改變。不過，治理的結構對於區域與地方政府還有一般的私營企業來說，依然是高度集權、官僚、專制且毫無效益（stultifying）可言。

改革地方化

高度專制的情況下，有些地方領袖發起了區域改革與重組。第四章提到橫濱市政府針對兒童照顧有一連串的行動。二〇〇〇年代初，東京市杉並區（Sugiami Ward）區長山田宏進一步提出「智慧杉並區」的願景，目標是打造一個事半功倍有效率的小型地方政府。首先，他把學校一部份的午餐計畫交給私人經營。儘管受到勞工團體與相關的政治組織的強力反對，最後證明這項措施相當成功，不僅僅為市政府省下大把預算，也改善了午餐的服務品質，學生甚至可以提前訂好自己喜歡的餐。此外，山田宏也關閉了一些市政辦公室，使用機器自動發放居住證，還把市政府各種雜事外包給非營利組織。改革之後，他減少六百個以上的市府員工，也省下二五四億日幣（二億美金）。如此一來，他讓市政府的債務減少了將近一半，也讓存款翻倍。山田宏也為提供育兒、養老以及各種市政服務的非營利組織減稅。他還打造地方的巴士服務，讓杉並區的市民有方便的交通服務，而且靠著收取微薄的交通費有些盈餘。杉並區的例子清楚說明，如果領袖有明確的願景，能夠與市民溝通，地方的改革無須乞求高高在上的中央官僚也可以辦得到。

這股潮流在日本其他地方也看得到。大約在同一時間，鳥取縣知事片山善博推動了一系列的民主革新。他堅持公共事務必須完全透明，因此把全部的會議紀錄與官方文件對民眾公開。事實上，政府鼓勵媒體與大眾親自拜訪政府辦公室，隨時可以來觀察公務機關工作的情況。片山善博去除傳統、事先交易的**根回**（*nemawashi*）之風，發展立法與管制規定，並堅持要由各方進行辯論。因此，一直未對外開放的工作小組，開始向民眾開放，也就表示工作小組的成員不再只是坐在會議室裡不發一語。日本傳統的「記者俱樂部」關閉，新聞稿的發放也暫停。一切如片山善博所說，既然媒體可以親自到現場採訪討論與會議的過程，也就不需要發媒體的新聞稿或替記者做任何特別的安排。政府禁止根回（事先交易）使得好幾個在黑箱作業下所簽訂的公共工程計畫取消，因為這絕對是賠本與耗盡政府預算的計畫。片山又指出，地方議會已經習慣於自動通過早已秘密交易的案子。這種交易的決策絕對表示參與決策的甲可能欠了也參與決策的乙一份人情，自然也就有了腐敗。片山認為當決策的真正權力轉移到站在議事廳裡的發言人，政策與計畫採用與否，完全要看計畫對大眾利益的潛在貢獻。

片山的提案有時候也會遭到議會否決，而這在過去的知事是前所未聞的事。他認為這是好事，因為這證明知事的想法也不敵民意代表的力量。他說過去在議會裡的討論常常像是一齣歌舞伎的表演，根回（事先交易）結束使得更多年輕人議員熱衷於辯論，也積極提出更新與更好的建議。同樣地，片山善博建立規則，凡是有議員干涉政府事務要求**特別考慮**（*kuchikiki*）就一定要寫報告，因此要求特別考慮的案件也就大幅下滑，因為議員們被迫要考慮自己的請求是否可以經得起議會公開的法案辯論。

其他城市與地區也踏上這一波地方倡議的潮流。以日本南方為例，大約在二〇〇九年，北九州市市長北橋健志開始推動低碳排放的「環保城鎮」計畫，目標是打造北九州成為亞洲環保合作的中心。市長團隊也力推由當地的新創公司富士夢幻航空（Fuji Dream Airlines）飛行往來名古屋與其他區域城市的新航線。大約在同一時間，富山市市長森雅志集中心力發展富山市成為一個「緊密城市」（compact city），應對老齡社會的到來。這表示要做好城市規劃，讓醫院、商店、行政服務與其他中心都可以靠著大眾運輸輕易往返。為了利用這些服務，市政府也提供平價的居住空間，鼓勵老年人搬到市中心。同時，神奈川縣知事黑岩祐治也力推讓神奈川成為「健康照顧的新前線」（new frontier health care）。他甚至和海外城市與地方政府簽訂合作意向書，而與美國麻州的協議就是絕佳的例子。二〇一四年五月，雙方同意共同發展醫療設備、生命科學與健康照顧的產業，因此神奈川與麻州交換專家與研究報告，而且也從對方的進步中得益。雙方的協議也針對神奈川縣與麻州生命科學中心（Life Sciences Center）與潔淨能源倡議（Clean Energy Initiative）建立合作關係。

當然，地方與區域政府改革最重要的中心是大阪，從二〇一一年開始，大阪市市長橋下徹開始追求更大的區域自主性以及更小、更有效率的政府，範圍涵蓋整個大阪府，包括大阪市以及鄰近的堺市。其中比較有爭議的改革如都會區地鐵的私有化，精簡市政府總數三萬八千名員工的一半人事，刪減教師工會的權力，降低對於大阪愛樂交響樂團（Osaka Philharmonic Orchestra）與藝術家同業工會的支持，撤回長期以來對於傳統文樂隊（人形淨瑠璃）神聖不可侵犯的補貼。他也推動公私立中學免學費，把政府的稽核交給私人公司，並振興大阪機場。大致而言，他追求區域的統一與更大的自治權。

有如一位官員所說，「過去我們要搬動一個公車站牌，往往要到東京申請四到五張不同的許可證。」再以土地的使用為例，大阪市擁有行政區內二六%的土地，但是有位市政顧問解釋，由於中央的法規與控制，大阪市無法發揮土地最佳的效益。比方說，大阪市政府買下中央政府名下的一座博物館，打算要改建成一間醫院，但卻因為文科省的反對而困難重重。因為稅制與都市財政結構使然，大阪市也無法順著自己的意思打造基礎建設。大阪市上繳給中央政府的稅，只有三三%回到地方政府之手，其餘的留在中央，或是補助其他地區（尤其是農業地區）。這是因為地方政府並沒有一套自己自足的財政系統，事實上因為日本的財務省反對，地方政府甚至無法在中央政府未允許的情況下發行債券。當然，地方政府徵稅的權力，支配稅的能力，還有其他吸引投資、促進創新的財政誘因，或是資助與發展頂尖的區域大學與學校也都受到嚴格的限制。大阪在二次世界大戰之後是蓬勃發展的紡織業中心，但是這樣產業早就已經離開日本，遷往中國、越南與孟加拉等開發中國家。城市與地區亟需發展與吸引新的產業，但是除了東京之外，其他地區做起事來都因為中央政府的管制而綁手綁腳。

根據委員會好幾位委員的研判，大阪真正需要的並不是解除管制（deregulation）而是完全的分權（decentralization）。這項觀點最終成為整個委員會的共識，因此大阪與日本大部分的城市及縣，除了國防及外交的相關事務仍掌握在中央之手，基本上都擺脫中央政府的控制。現在，大阪經常被比喻成有如新加坡的卓越之都（oasis of excellence），凡事有完善的規劃，良好的運行，而且是各司其職。由於醫療產業的私有化，大阪現在是全球的醫療中心，全球各地的病人來到大阪，利用當地先進的治療方式與一流的醫生。由於大阪把轄區內的企業營業稅從四〇%降到一〇%，整座城市現靠著勇於投資在研發的公司，帶動新一波的投資、生產與創新。大阪的學生一直以流利的英文令人稱道，這是市立小學與中學私有化的結果，學校可以換掉不講英文的英文老師，改用英文流利的專業教師。在此環境下，創新、新商業與新文化百花齊放欣欣向榮。此外，有了大阪的帶領，分權的作法遍佈全日本，使得日本再度成為世界各國的典範。

完全分權

委員會徹底審視日本的經濟結構與體系，仔細研究世界上其他國家的經濟，思考地方改革的正面結果，以及分析日本過去如何復興之後，做出一項根本結論。日本所面對的基本上不是經濟問題，而是政治問題。整個國家眼前最重要的問題在於治理。一旦交由人民自主，日本人民就可以做出一些令人大開眼界、富有創新且成果豐富的事。但是，如果受到中央的統治菁英高度控制，他們就無法發揮全力，展現自己龐大的潛能。日本如果想要在未來實現潛能，就需要一場劇烈的改變，政治結構從現行的中央集權轉為分權的體制。

因此，委員會在二〇一六年提出最後一項建議，這使得日本地圖有了翻天覆地的變化。日本長期以來都是四十七個縣，現在改成十五個比較大的行政區（cantons），類似美國的州與德國的邦（lander）。現在的行政區和過去的縣一樣有自己的議會及知事，但是權力都大幅擴張，除了國防、外交與中央金融之外，行政區幾乎完全自治。或許最重要的是各個行政區現在財政自主，他們有借貸與發行債券的權力，也有可能因為背負太多債務而使得政府破產。中央政府分享了自己的權力，而且只有在有限的情況下才可以干預地方的事務。比方說，文科省可以設定學校課程的課綱，但是每一個行政區特定的課程，採用哪一本教科書，則是交給他們自行決定。每個行政區可以決定學校裡的老師是否有公職身份，可以把學校與大學私有化，推行學券制，或是維持學校的公立性質，一切看人民的意願。新的行政區當然繼承了國家龐大的課稅能力，包括所得稅與營業稅。各個行政區為了吸引新公司來投資，大幅減少營業稅。國家過去招募公務人員的體系已經遭到廢除，而每一個新的縣都有自己的公職考試，也可以決定當地公務人員的任用條款。新的行政區會在經濟政策與過程相互競爭，也有權力開放或擴大他們覺得合適的自由貿易。如此一來，區域的權力急速擴張，而人民的潛力獲得釋放，中央政府與東京壟斷人才以及消滅新想法與新人民的權力也遭到削減，雖然國家安全與外交政策等領域依然由中央壟斷。

委員會經過漫長與激烈的辯論才決定採取分權的政策，最終促成激烈的演變。率先提出這樣做的人有幾個強力的理由。首先，他們點出競爭會增加創新、效率與生產力。政府、企業或任何東西的集權與集中，往往製造出單調（uniformity）、浪費、無效率與停滯。公平交易委員會的出現正是要對抗商業界這股趨勢，如同美國的反托拉斯法以及歐盟的競爭委員會（Competition Commission）。因此基於相同的理由，地方的治理也需要競爭。這些競爭會提升創新的嘗試、吸引投資與更多的居民，並拉抬地區與國家的競爭力。這可以實現潛在的能量與想法，讓日本更加富裕也更為強大，而且可以增加公民的福利，提升國家的能力，面對外國（例如中國）帶來的經濟與政治挑戰。

支持者進一步指出，權力與活動集中在東京，不僅僅是經濟停滯的主因，也威脅到國家安全。美國可以分成幾個主要的權力中心，像是華盛頓、紐約、芝加哥等。中國有北京、上海與廣州。但是，如果東京因為福島之類的核災、嚴重的地震與颱風或是飛彈的攻擊而癱瘓，整個國家也將動彈不得。

第三點，如果東京持續吸收整個國家大部分的人才與財富，其他地方就只是一個又老又窮的區政府，靠著補助過著悲慘的生活。這也帶出支持提案的最後一個觀點，日本的變革一直是從中心之外的地方展開。十九世紀末的明治維新是因為美國的外部壓力，以及日本內部的薩摩藩與長州藩的施壓，這兩個地方都離東京很遠，而且長期都試著遠離中央權威維持高度的獨立。日本在二次世界大戰戰敗以及之後盟軍的佔領期間，再度面臨外部的壓力，促使日本開放社會迎向改變與結構性的改革，並帶來一九六〇年代的經濟奇蹟。日本的創新也經常是外來者、不在東京出生或受教育的人所點燃。因此，各個區域有許多潛在的動能，如果任由中央政府阻撓或壓抑，對日本會是很大的損失。此外，因為日本有一流的通訊及交通的基礎設施，實在沒有必要把大部分的人才與所有政府部門及企業的總部集中在東京。每個人有必要都可以輕易造訪東京，但實在沒有理由一直待在那裡。因此，支持分權的人總結道，任由區域持續凋零，最終將造成日本的氣絕。

那些一開始對於分權猶豫不決的人提出幾個問題。他們害怕強力的地方治理有可能造成區域不均，有些地方變得非常有富裕，但有些地方卻是更加貧困。貧富之間的差距愈來愈大，因此他們也擔心這會給長年來以人民的經濟平等為理想的國家帶來危險。然而，他們最關心的是時機以及條件而不是原則的問題。他們深深感受到中國帶來的挑戰，以及日本需要有很強的經濟以回應挑戰。眼下，日本依然深陷競爭力落後以及其他經濟問題。這些遲疑的人建議治理結構徹底改變之前，需要恢復強大的經濟動能。他們認為十年或十五年之後，情況或許會比較合適。

但是支持者回應這就是問題所在。日本一直都在等改變的時機成熟。但是，更好的條件似乎永遠等不到，所以改變也就未曾出現。一切如舊，情況時好時壞，但是整體的趨勢卻是直往下滑。難道更好的條件不來是維持現狀的理由嗎？難道治理缺乏改變永遠是缺少更佳條件的主要理由嗎？是的，支持者說，缺乏改變正是經濟持續疲軟的主要原因。他們認為日本必須改變治理結構，才能變得更強大，也才足以回應中國或世界其他地方的挑戰。

最後，這種思維方式逐漸由大部分的委員接受。因此，他們給日本最後也最重要建議就是立即推動分權。如我們現在所知，這項建議也由國會採納。當然，分權的結果就是治理的重組，出現新一波的競爭、創新與生產力的提升，帶動日本第三次經濟奇蹟。由於允許日本的人民可以完全組織自己的工作與生活，不再堅持由中央指揮一切，日本領袖所成就之事遠超過他們的預期，最終發現不領導實際上是更多的領導（less leadership was actually more）。

因此，日本人民在二十一世紀前五十年已為日本帶來第三次重生，而他們也在二〇五〇年讓日本的生活水準及生活品質再度領先全球，並且與鄰國發展出和平的關係。

為什麼日本對美國與全世界很重要？

身為外國讀者，如果你已經讀到這，或許會淡淡吐出這幾個字：「**那又怎樣？**」沒錯，你講的的確非常有趣，而且每個人都可以看到日本正面對一些重大甚至攸關存亡的問題，你也希望日本可以變好。但是講真的，出了日本，除了同情可憐的日本人所處的困境，為什麼需要在乎日本呢？

我的理由如下：對於初學者來說，我們的確生活在一個全球的經濟之中，而日本是排在美國與中國之後的第三大經濟體。巴西、俄羅斯、印度與中國等金磚國家（**BRIC**）確實有很大的成就，快速的經濟成長，挽救數百萬人脫離貧困。但是我們不應忘記，日本的經濟大約相當於巴西、俄羅斯與印度的加總。我們也必須記得日本是資本的輸出大國，有超過一兆美元的海外直接投資。這樣的投資直接養活四百萬名工人，而且間接支持世界各國兩倍至三倍的工人。根據二〇一一年的《選擇美國》（*Select USA*）對於外國直接投資的報導，光是在美國，日本的投資金額超過三千億美金，而且直接創造了七十萬個工作機會，每一份工作每年大約發出七萬八千美金。日本的投資也間接創造了數十萬的工作機會。除此之外，日本是美國國債的第二大持有國，總金額達一．二四兆美金，僅次於中國的一．二五兆。因此，日本做為一個經濟強權，國力的衰退將給全球的經濟，尤其是美國的經濟，帶來非常大的負面效應。

但是，數字還不代表事情的全貌。請想一下所謂的「全球供應鏈」，指的是像蘋果 **iPhone** 這類產品的全球生產體系，零件的各個部分在不同的國家製造，快遞到另外一個國家組裝，然後再快遞到世界各地銷售。在這種體系底下，所有的零件必須在準確的時間製造完成，然後由聯邦快遞（FedEx）等貨運公司取貨，準時運送到半個地球以外的地方進行組裝，然後才能再由聯邦快遞準時送到當地的蘋果商店銷售。這種「即時交貨」的概念源自何處？當然是日本。一九六〇年代的日本經濟奇蹟之前，全球的製造商都要維持很大的庫存及倉庫，才能儲存等著放進生產線的原料及零件。這需要租或買一片很大的空間，也需要銀行的額外貸款才能買原料放著備用。日本人想出庫存問題的解決方式，或許是因為日本人傳統上的生活空間狹小，或許是因為特殊的基因，又或許是因為日本是世界上最討厭雜亂無章與浪費的國家，也就是日文所說的**無駄**（*muda*；浪費）。所以為了降低成本，日本的製造商在一九五〇與六〇時代之間就已經看清，如果供應商可以在準確的時間把零件送過來，也就不需要倉庫或存放的空間，也因此發展出了即時交貨的概念，並為現今的全球供應鏈打下基礎。

但是，即時交貨的更重要的是實現此概念的基礎。這要很高的品質，而且是不斷提升品質，或者是日文所說的「改善」（*kaizen*）。如果零件有問題，那即時快遞有何用呢？事實上，這樣比維持倉庫或保有庫存還要糟糕。至少，如果你有零件庫存，有東西壞了，你可以隨時找到替換品。但是，如果零件沒有庫存，壞掉的零件即時快遞過來，實際上是馬上癱瘓你整條生產線。所以，除非廠商對於自己的供應鏈有高度的信心，高品質的零件隨時可以無縫接軌，否則即時生產其實毫無意義。但是，日本的廠商有這樣的信心，因為整個國家的工業都堅持最高的品質，也不會放過任何追求完美的機會。日本人對高品質的重視，影響到全世界。如果你現在欣賞你的福特、福斯或現代汽車的品質，你可以感謝日本。事實上，你購買或使用的任何產品都是如此。

簡而言之，日本一直是現代經濟之中基礎概念與關鍵過程的發源地。這些也受到世界已開發國家（例如美國與德國）還有亞洲四小龍以及中國等地的模仿。如果這個世界少了日本精神所浮現出來的獨特概念及過程，損失將難以估算。

但是，現在請看看一些可能比生產與供應鏈更重要的事。當我們夫妻倆一九六〇年代初期第一次生活在日本，我們看到壽司上的生魚片，這種吃法除了日本與韓國事實上無人知曉。畢竟，誰會吃那種奇怪的玩意？但我們愛死了。事實上，我太太建議回到美國之後，我們應該馬上開一家壽司餐廳，或者是開連鎖店。我說：「門都沒有。美國人永遠不可能從漢堡與熱狗換成生魚片。算了吧！」

我太太說：「好吧，也許是你對，但是我有另一個想法，你知道外面包著海苔的米果吧？如果我們從日本出口到美國，我打賭一定會在美國大賣。」我的答案又是否定：「你作夢吧。你覺得美國人會吃海苔或是米做的餅乾？門都沒有，算了吧！」

當然，如果我當時聽太太的話，我現在已經家財萬貫。我唯一的安慰是許多男人都會說同樣的話。但幸運的是，其他人也看到一樣的事，而且採取行動落實我太太的直覺。現在，你可以在巴黎、達拉斯、台拉維夫、北京以及世界各地找到好吃的壽司，而這一點也不令人意外。

或者，你也可以想想日文的**渋さ**（shibusa），也就是簡約之美的極致。日本漂亮的東西（茶屋、禪風庭園、陶碗）乍看相當簡單，看起來沒有任何經濟的形式與效益。但是，如果進一步觀察，它們顯現出來的材質還有細微的瑕疵，在繁複之間帶來平衡，並激發出一種永恆的質感、寧靜以及無窮無盡的新發現，而這一切會帶來無與倫比的價值。而在劇場領域，日本的歌舞伎，以及代表人、事或情境檯面情況的**建前**（tatemae），與代表人、事與情境真實面的**本音**（honne），兩者之間的對比或許可以最完美地表現出世界各地的人沈溺於追求社會和諧而出現的大小偽善。

再以舉止態度與人際關係為例，日本有時候被外人視為是過於正式、拘謹與壓抑。另一方面，日本人的態度一般是反映出他們對人打從內心的尊敬。我好幾次都故意把紀念品留在日本旅館，因為我不想提著大包小包回家，結果只是造成旅館派個員工在我離開之前趕上我，有時候甚至一路追到機場，只是為了把東西交還給我。此外，如果你跟人在日本有約，不論此人地位有多高，你永遠都不用等人。同樣地，日本人如果來拜訪你，也絕對會準時。事實上，他們之前可能已經先來走過一遍，確保自己可以準時抵達。

日本豐富的飲食、藝術、文化與態度的潮流，會隨著日本這個大國搖搖欲墜而不再存在於世界上嗎？假如真是如此，我們有人將因此而更為可憐。

當然，這是長期的關懷。眼下，全世界正經歷經濟版圖的轉變。根據歷史的記載，直到西元一八五〇年之前，中國與印度是世界上兩個最大的經濟體，而亞洲整體的經濟比歐洲及美洲加起來還要大，也遠為富饒。但是到了一九五〇年，亞洲國家只能活在過去的陰影之下，歐洲與美國崛起成為超級強權，宰制全球的經濟與政治。我們現在朝向舊規範的翻轉。一切不可能完全倒過來，但從市場價格來看的確如此，中國的經濟規模已經達到美國的四分之三（如果從購買力平價來算，把發展中國家家庭用品價格偏低的趨勢納入考慮調整，中國實際上是最大的經濟體），而印度現在的成長幾乎跟中國一樣快（有些部分甚至更快）。因此我們幾乎可以肯定，世界在二〇五〇年之前又會再一次洗牌。也就是說，亞洲會回到前頭，至少在國內生產總額來看是如此。

這波轉型從一九九二年開始，當時前蘇聯、印度以及中國全部都放棄共產主義以及社會主義的經濟政策，轉而走向資本主義。當時西方的觀察家例如福山（Francis Fukuyama），高呼這一波「全球化」將走向「歷史的終結」，而且開啟了最後的自由與民主的人性時代。美國有些政治領袖認為，全球化不過是美國化的另一種說法。這種想法受到美國前總統柯林頓以及紐約時報專欄作家費里德曼（Tom Friedman）的支持，「全球化會讓所有的國家富裕；一旦富裕起來，他們就會變得更民主；一旦民主，他們就不會發動戰爭，因為我們知道民主的國家不會互相打戰」，這變成一種經常提及的論調。美國與西方最傑出也最聰明的人逐漸相信，資本主義的全球化會帶來民主與和平，挽救泥淖中的世界。

當前，事情尚未如此發展，但洗牌的可能性似乎愈來愈高。中國雖然還未變成一個政治自由、市場自由的國家，但似乎在更威權的政治指導下發展出國家引導的資本主義。中國模式的成功對於其他國家有很大的吸引力，尤其是俄羅斯。事實上，國家資本主義的概念已經逐漸延伸到開放的市場。請別忘記，世界的大公司都是跨國公司，也就是說他們沒有一個真正的國籍。比方說，如果把蘋果想成一家美國公司，或是把殼牌石油（Shell Oil）想成一家荷蘭或英國公司，那就錯了。他們都是全球公司，大部分的營運都是在他們公司或總部所在地之外。最大諷刺之處是全球化讓跨國公司不受自由市場的自由民主國家所影響，但卻受制於國家資本主義程度不一的威權國家。不論是華盛頓、布魯塞爾還是倫敦，蘋果、谷歌、賓士或巴克萊（Barclays）等公司才是政治要角。公司的執行長輕輕鬆鬆就可以和美國總統或歐盟的主席會面。他背後有一大票的律師及政治說客在支持，也可以影響、推動或阻止立法。他們可以控告美國政府，並且在法庭上贏得訴訟。他們手上有幾億美金做為政治獻金。

但是到了北京，同一批執行長就無此影響力。他們是在中國政府或中國共產黨面前的搖擺狗，等著從政府手中拿到審批。確切地說，周邊盡是奢華，茶也是客客氣氣端上來。但是，他們不能犯錯，執行長們戰戰兢兢，也可能會在華盛頓推動北京的路線。

日本一直是個成功的非西方民主國家，因此也是亞洲與世界各地其他發展中國家一個強而有力的典範。當權力平衡轉移，而且對於全球法治的延伸愈來愈有不確定性，日本一步步緩慢邁向死亡對那些民主與法治的信奉者顯然是一個沈痛的打擊。

不過更重要的是，日本奄奄一息帶來嚴重衝擊，不但影響著亞太地區，也影響全世界。二〇一五年二月當我動手寫這本書時，亞洲的許多地方愈來愈不穩定，愈來愈不安全，而這來自於幾個關鍵的因素。首先，儘管冷戰早就已經結束，中國也沒有任何威脅，而且美國一直說歡迎中國成為其全球戰略伙伴，但美國還是堅持像冷戰時期一樣，持續巡邏中國附近的海域及領空。另一個是中國軍事力量的迅速擴張，有時候還挑釁地主張中國對一些有爭議的海域及領土擁有主權。但是，另一個不穩定的因子是第二次世界大戰依然尚未結束。第四點我們前面說過，日本的生命力正在流失。最後，美國與亞太盟國之前的利益分歧愈來愈大。

這裡頭有個複雜的邏輯。由於佔領軍的政府在二戰結束之後，保有天皇以及日本戰爭時期龐大的官僚，再加上國共內戰以及韓戰爆發迅速引發一連串的混亂，不論是日本或是曾經被日本侵略、佔領的國家，都不曾經歷過德國或西歐那種戰後的淨化（catharsis）。日本新的非戰憲法就是此種淨化思想的替代品，但是這當然只有結合一九五一年所簽訂的美日安保條約才可行，美國必須單方面承擔起日本的防衛任務。基本上，這種協議是日本把外交政策外包給美國政府，換取安全的保障與支持，藉此成就日本經濟的奇蹟。事實上，當時的日本首相吉田茂直接強調應該把重心放在經濟復甦，然後把其他事情暫時交給美國，如此的安排間接預設美日兩國的利益將永遠一致。

在韓戰期間以及冷戰大多數時間，這是個相當好的預設。一九八〇年代，兩邊開始有些摩擦，因為日本強調重商主義的經濟發展與貿易政策，開始侵蝕美國的經濟命脈。但是，由於華盛頓在亞太地區地緣政治的優先目標，以及需要日本做為前線基地達成此目標，使得美國雖然有諸多抱怨，卻也維持穩定的路線。

但是，現在冷戰已經結束，中國崛起成為世界強權，韓國與中國關係愈來愈緊密，韓國與日本之間不斷有嫌隙，再加上美國權力相對下滑，不僅大大改變經濟的計算，而且更重要的是也改變了美國地緣政治的計算。美日兩國的利益已經不再完全一致。如果為了誰擁有東海、南海或任何地方的島嶼主權而引發衝突，並因此與中國打仗，並不符合美國的利益。日本對於二次世界大戰期間的許多事件一直保持曖昧的態度，比方說「慰安婦」與南京大屠殺，使得華盛頓越來越難以理性看待原有的安保協議。目前所有的力量都把日本與美國推向更大的分歧。

還沒，還沒結束。一個堅實、民主以及軍事強大的日本要能夠接受二次世界大戰的事實，執行自己和平導向的外交政策，也就是願意與一切重要的鄰國和美國，以及澳洲與印度等國簽署互保協定，相當符合美國的利益。這樣的日本明顯可以化解美國的地緣政治負擔，並同時強化全球的民主力量，促進全世界的經濟成長。

世界上的其他國家，尤其是美國，有極大的利益都維繫在一個重生的日本。

致謝

我要特別感謝村上博美（Hiromi Murakami）與比爾（William Bill Finan），本書最初源於比爾的想法，然後隨即得到村上博美的大力支持。他們兩人全心全意協助我建構概念、研究、查證事實以及編輯此書。我多年好友土井綾子（Ayako Doi）與馬力尼（Henry Marini）提供了一些非常重要的建議與鼓勵。〈東方經濟學人〉（*Oriental Economist*）的編輯卡茲（Richard Kaz）很親切地提供給我重要的數據與觀點。多年的好友服部京子（Kyoko Hattori）一直都相當熱心，高興且大方地把整棟房子交給我用。我要謝謝林肯教授（Ed Lincoln）、福島夫婦（Sakie and Glen Fukushima）、納赫曼諾夫（Arnie Nachmanoff）、沃夫（Ira Wolf）、辜朝明（Richard Koo）、穆洛伊（Pat Mulloy）、馬歇爾（Dana Marshall）、法洛斯（Jim Fallows）、伍夫倫（Karl van Wolferen）、奧森（Steve Olson）以及考特勒（Mindy Kotler）等人對本書的興趣與協助。

最後，但絕非最不重要，我要感謝長期跟我一起吃苦的太太卡蘿，她在必要的時候提供研究與編輯上的支持、耐心與鼓勵，而且在絕對不可或缺時提供了寫作紀律。

國家圖書館出版品預行編目(CIP)資料

日本重返世界第一:日本如何重塑自身,及其對美國與世界的重要性 / 克萊德·普雷斯托維茲(Clyde Prestowitz)著;許雅淑、李宗義譯. ── 初版. ── 新北市:遠足文化,2017.11
譯自:Japan restored:how Japan can reinvent itself and why this is important for America and the world
ISBN 978-986-95565-6-9(平裝)
1. 經濟發展 2. 經濟政策 3. 經貿外交 4. 日本

552.31　　106020055

大河 24

日本重返世界第一

日本如何重塑自身,及其對美國與世界的重要性

Japan Restored: How Japan Can Reinvent Itself and Why This Is Important for America and the World

編者──克萊德·普雷斯托維茲 Clyde Prestowitz
譯者──許雅淑、李宗義
總編輯──郭昕詠
行銷經理─張元慧
編輯──陳柔君、徐昉驊
封面設計─霧室
排版──簡單瑛設

社長──郭重興
發行人兼
出版總監─曾大福
出版者──遠足文化事業股份有限公司
地址──231新北市新店區民權路108-2號9樓
電話──(02)2218-1417
傳真──(02)2218-8057
電郵──service@bookrep.com.tw
郵撥帳號─19504465
客服專線─0800-221-029
部落格──http://777walkers.blogspot.com/
網址──http://www.bookrep.com.tw
法律顧問─華洋法律事務所 蘇文生律師
印製──呈靖彩藝有限公司

初版一刷 2017年11月